秘密

The Secret
秘密

朗达·拜恩

图书在版编目（CIP）数据

秘密 /（澳）朗达·拜恩（Rhonda Byrne）著；谢明宪译. -- 长沙：湖南文艺出版社，2018.5（2024.11重印）

书名原文: The Secret

ISBN 978-7-5404-8617-4

Ⅰ.①秘⋯ Ⅱ.①朗⋯②谢⋯ Ⅲ.①成功心理—通俗读物 Ⅳ.①B848.4-49

中国版本图书馆CIP数据核字（2018）第054283号

著作权合同登记号：图字18-2013-216

© 中南博集天卷文化传媒有限公司。本书版权受法律保护。未经权利人许可，任何人不得以任何方式使用本书包括正文、插图、封面、版式等任何部分内容，违者将受到法律制裁。

THE SECRET by Rhonda Byrne
Simplified Chinese Language Translation copyright © 2018 by China South Booky Culture Media Co., Ltd.
Copyright © 2006, 2018 by Creste LLC. THE SECRET word mark and logo are trademarks of Creste LLC.
www.thesecret.tv
All Rights Reserved.
Published by arrangement with the original publisher, Atria Books, a Division of Simon & Schuster, Inc.

The Secret MIMI
The Secret 秘密

作　　者：	[澳]朗达·拜恩
译　　者：	谢明宪
出 版 人：	陈新文
责任编辑：	薛　健　刘诗哲
监　　制：	蔡明菲　邢越超
策划编辑：	张　攀
特约编辑：	王玉晴
营销编辑：	周　茜
版权支持：	辛　艳　张雪珂
设计支持：	利　锐
出版发行：	湖南文艺出版社
	（长沙市雨花区东二环一段508号　邮编：410014）
网　　址：	www.hnwy.net
印　　刷：	北京中科印刷有限公司
经　　销：	新华书店
开　　本：	760mm×1194mm　1/32
字　　数：	120千字
印　　张：	6.75
版　　次：	2018年5月第1版
印　　次：	2024年11月第14次印刷
书　　号：	ISBN 978-7-5404-8617-4
定　　价：	56.00元

若有质量问题，请致电质量监督电话：010-59096394
团购电话：010-59320018

上行，下效。
存乎中，形于外。

——翡翠石板（约公元前3000年）

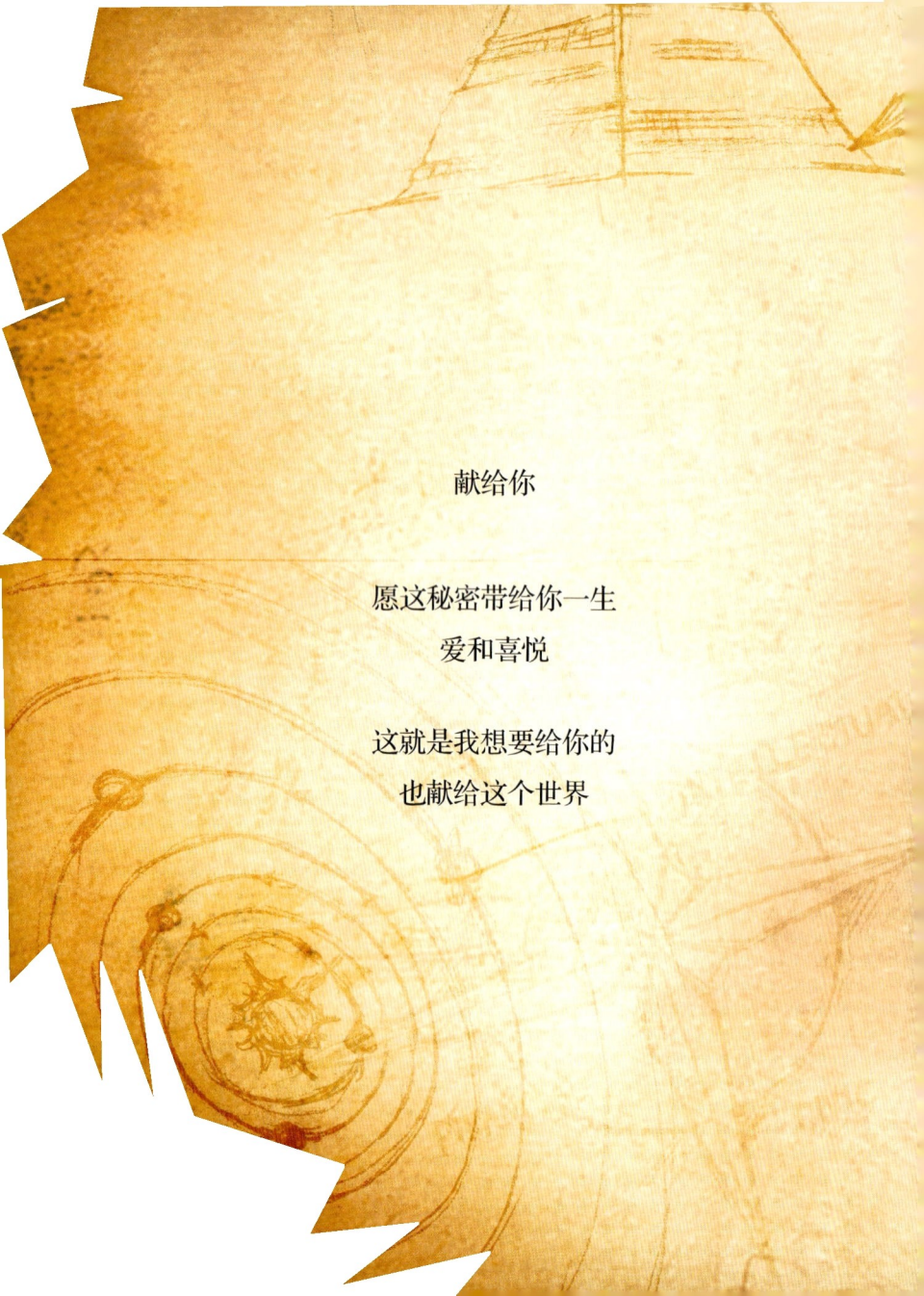

献给你

愿这秘密带给你一生
爱和喜悦

这就是我想要给你的
也献给这个世界

目　录

前　言	ix
感　谢	xiii
秘密的揭露	1
秘密的法则	27
秘密的运用	45
强效的方法	71
金钱的秘密	95
关系的秘密	113
健康的秘密	125
世界的秘密	141
你的秘密	155
生命的秘密	177
书中人物小传	185

前言

一年前,我周遭的生活完全崩溃了。工作得筋疲力尽,父亲突然去世,和同事、亲人之间的相处关系也是一团糟。然而当时我却不知道,就在这沮丧绝望之中,竟伴随着最棒的恩赐。

我瞧见一个伟大的秘密——生命的秘密。在女儿海莉给我的一本百年古书中,我发现了它。我开始在史料中追寻,难以置信的是,过去知道这秘密的,竟然都是历史上的伟大人物:柏拉图、莎士比亚、牛顿、雨果、贝多芬、林肯、爱默生、爱迪生、爱因斯坦。

带着怀疑,我问自己:"为什么不是每个人都知道呢?"心中充满与世人分享的强烈渴望,我开始寻找当今世上知道这秘密的人。

他们一个个地出现了。我成了一块磁铁:当我开始寻找,现今的大师们就陆陆续续向我走来。像个完美的链圈般,发现一位导师之后，就会接连到下一位。若我偏离了路径，就会有其他事物吸引我的注意，也借由这样的转移，再下一位导师又会出现。在网络上找数据时，如果"不经意地"点到某个错误的链接，也会把我带到极重要的关键信息上。短短几个星期内，我回溯数个世纪的史料追踪这个秘密，并发现了这秘密的当代实践者。

于是，将这个秘密用影片的方式传播到全世界，成了我心中的愿景。接下来的两个月，我的影片及电视制作团队都在学习这个秘密。让每个成员都了解这个秘密是很重要的，因为缺少了它，后续要做的事就不可能进行。

没有一位导师是我们事先确定愿意合作的，但由于我们知道这个秘密的力量，于是带着十足的信心，我从澳大利亚飞往多数导师的所在地——美国。7周后，我们的团队拍下了55位全美最伟大导师的影片，总片长超过120小时。我们的每一步、每次呼吸，都在运用这个秘密来创造《秘密》这部片子，我们真的吸引了所有的人和事物。8个月后，《秘密》发行了。

随着这部片子在全世界广泛传播，奇迹似的故事开始如潮水般涌至：有人写信说，长年的病痛、忧郁症和疾病痊愈了，有人在意外发生后，第一次站起来走路，甚至有人从临终病床上恢复了过来。我们收到成千上万的信，诉说着他们运用这个秘密后，获得巨额财富和意外之财的故事。人们利用这秘密，使他们理想中的房子、人生伴侣、车子、工作和升迁都一一出现。还有许多商业人士运用这个秘密才几天，生意就有了转变的事实，以及亲子间的紧张关系，终于恢复和乐的温馨故事。

有些动人的故事来自于孩童，诉说他们如何运用这个秘密，吸引他们所想要的事物——包括获得高分成绩和朋友。这个秘密使医师想把它分享给病人，大学和各级学校想分享给学生，健康俱乐部想分享给顾客，各个团体想分享给自己的成员。全世界还有许多家庭举办聚会，将这个秘密的知识分享给他们的至亲和家人。这个秘密被用来吸引各式各样的事物——从一根特别的羽毛，到数以千万计的财富。影片才发行几个月，这些全都发生了。

之前想制作这部《秘密》的目的是——现在仍然是——为全世界数亿人带来快乐和喜悦。我们的制作小组每天都看到这个目的在一点一滴地实现，我们收到来自全世界各年龄层、各个民族、各种国籍成千上万如雪片般飞来的信件，为这秘密所带来的喜悦表达感激。了解这个秘密，就没有做不到的事，不论你是谁，或是身在何处，你想要什么，这个秘密都能给你。

本书以24位神奇的导师为主角，虽然他们的谈话都是在不同的时间点、在美国不同的地方拍摄而成，但他们却像是同一个人在说话。本书包括了导师们对这个秘密的谈话，以及这个秘密发挥作用的神奇故事，当中我也分享了我学到的简单方法、技巧和捷径，让你能够过上梦想中的生活。

你会发现，书中的某些地方，我把"**你**"这个字用粗体字强调出来。理由是，我希望你能够去感受，并且知道，这本书是为你而创作的。当我说你时，是针对**你**个人而说的，我的目的是，让你和书里的话语产生个人的联结——因为这秘密正是为**你**而存在。

当你漫游在书中的话语中、学习这个秘密的同时，你将会知道如何去拥有、成为或去做任何你想要的事。你会知道自己的真实面目。你会知道，那等待着你的、真实华丽的世界。

感 谢

我要对那些出现在我生命中，曾经鼓励、影响、启发我的每一个人，表达最深的感谢。

我也要向以下的人表达我的感激。由于他们大力的支持和贡献，我这趟追寻之旅与本书才得以完成：

我要向《秘密》的共同作者群致意，因为他们慷慨分享了他们的智慧、爱和神性：约翰·亚萨拉夫、迈克·伯纳德·贝奎斯、李·布劳尔、杰克·坎菲尔德、约翰·迪马提尼医师、玛莉·戴蒙、迈克·杜利、鲍勃·道尔、海尔·多斯金、莫里斯·古德曼、约翰·格雷博士、约翰·海格林博士、比尔·哈利斯、班·琼森博士、罗洛·朗梅尔、莉沙·妮可丝、鲍勃·普克特、詹姆斯·雷、戴维·希尔莫、玛尔西·席莫芙、乔·维泰利博士、丹尼斯·维特利博士、尼尔·唐纳·沃什，以及弗莱德·亚伦·伍尔夫博士。

感谢《秘密》制作小组里那些了不起的人：保罗·哈林顿（Paul Harrington）、葛琳达·贝尔（Glenda Bell）、丝凯·拜恩（Skye Byrne）和尼克·乔治（Nic George）。也要谢谢杜鲁·海利特（Drew

Heriot）、丹尼尔·克尔（Daniel Kerr）、达米安·克尔伯伊（Damian Corboy），以及我们制作《秘密》的旅程中所有的参与者。

感谢Gozer多媒体为我们制作了一流的图片，以及为这些图片注入这个秘密氛围的人：詹姆斯·阿姆斯特朗（James Armstrong）、沙莫斯·霍尔（Shamus Hoare）、安迪·路易斯（Andy Lewis）。

感谢《秘密》的制片人鲍勃·雷隆（Bob Rainone），他是来自天堂的使者。

感谢迈克·加德纳（Michael Gardiner）及横跨澳大利亚和美国的法律顾问团。

感谢《秘密》网站团队：丹·霍林斯（Dan Hollings）、纳翰·赫伦（John Herren），管理维护《秘密》论坛的"强大意念团"（Powerful Intentions）所有成员，以及论坛上那些很棒的朋友。

感谢过去那些伟大的人物与大师级的导师，他们的作品点燃了我内心渴望的火焰。我曾漫步在他们伟大的身影下，我要对他们每一位表达崇高的敬意。尤其要特别感谢罗伯特·克里尔和罗伯特·克里尔出版社、华莱士·D.沃特尔斯、查尔斯·哈尼尔、约瑟夫·坎伯和约瑟夫·坎伯基金会、普兰特斯·马福德、吉纳维夫·白汉德，以及查尔斯·费尔摩。

感谢开放心胸、拥抱《秘密》的言外之音出版社（Beyond Words）：理查德·柯恩（Richard Cohn）和辛喜雅·布雷克（Cynthia Black），以及西蒙·舒斯特（Simon & Schuster）出版公司——朱迪思·柯尔（Judith Curr）。感谢编辑：亨利·柯维（Henry Covi）和朱莉·史戴格华德（Julie Steigerwaldt）。

感谢慷慨分享故事的卡西·古德曼（Cathy Goodman）, 斯洛特和她的儿子科林·哈尔姆（Susan Sloate and Colin Halm）、伯利兹天然气能源有限公司（Belize Natural Energy）董事苏珊·莫瑞斯（Susan Morrice）、吉妮·麦凯（Jeannie Mackay），以及乔·史格曼（Joe Sugarman）。

感谢启发教导我们的罗伯特·安东尼博士（Dr. Robert Anthony）、希克斯夫妇（Jerry and Esther Hicks）及其作品《亚伯拉罕教诲》（*The Teachings of Abraham*）、戴维·凯莫隆·吉康第（David Cameron Gikandi）、约翰·海利夏朗（John Harricharan）、凯瑟琳·庞德（Catherine Ponder）、汉德克斯夫妇（Gay and Katie Hendricks）、史蒂芬·卡威（Stephen MR Covey）、艾克哈特·托尔（Eckhart Tolle）以及戴比·福特（Debbie Ford）。感谢大力协助的亚特伍德夫妇（Chris and Janet Attwood）、玛西雅·马丁（Marcia Martin），以及"转型领导会"（Transformational Leaders Council）、"灵性电影团体"（Spiritual Cinema Circle）的所有成员，还有"大爱潜能开发中心"（Agape Spiritual Center）的工作人员、《秘密》影片中导师们的工作伙伴。

感谢我珍爱的朋友们的爱和支持：马尔西·科顿克利（Marcy Koltun-Crilley）、玛格丽特·雷隆（Margaret Rainone）、阿西娜·古利尼斯（Athena Golianis）、约翰·沃克（John Walker）、伊莲·贝特（Elaine Bate）、安德烈·凯尔（Andrea Keir）和亚贝夫妇（Michael and Kendra Abay）。还有我神奇的家人彼得·拜恩（Peter Byrne），和我非常特别的姐妹们：给予本书无价帮助的珍妮·柴尔德（Jan Child）、宝琳·维南（Pauline Vernon）、已故的凯伊·伊桑（Kaye Izon），以及永远在我身旁给予无尽的爱和支持的葛琳达·贝尔（Glenda Bell）。感谢我那兼具勇气与美丽的母亲艾琳·伊桑（Irene Izon），还要纪念我的父亲罗纳德·伊桑（Ronald Izon），他的光芒和爱至今仍照亮着我们的人生。

最后还要感谢我的女儿海莉（Hayley）和丝凯（Skye Byrne）。感谢海莉，她帮我找到了我生命和人生真实旅程的起点；感谢丝凯，她跟随我的脚步，参与了本书的制作，编辑得很出色，让我的文字改观。女儿是我生命中的珍宝，她们的存在，振奋了我生命中的每一刻。

秘密的揭露

鲍勃·普克特

哲学家、作家、人生导师

这个秘密能带给你任何你想要的——幸福、健康和财富。

乔·维泰利博士

精神疗法专家、营销专家、作家

你可以拥有、去做或成为任何你想要得到或成为的。

约翰·亚萨拉夫

企业家、理财专家

不论它有多大,我们都能拥有我们所选择的。

你想住什么样的房子呢？你想成为亿万富翁吗？你想从事什么职业呢？你想要有更多的成就吗？你到底真正想要什么？

约翰·迪马提尼医师
哲学家、整脊师、治疗师、个人潜能开发专家
这是生命的大秘密。

丹尼斯·维特利博士
心理学家、潜能训练师
过去拥有这秘密的领导者，为了保持自身的权力不与人分享，于是就让他人对这秘密保持无知的状态。人们去工作、做事，然后回家，他们没有权力，只能继续做这些单调乏味的工作。因为这秘密只掌握在少数人手中。

历史上一直有许多人觊觎这个秘密的知识，也有许多人找到了传布这个秘密让世人知晓的途径。

迈克·伯纳德·贝奎斯
梦想家、国际大爱潜能开发中心创办者
我看过许多发生在人们生活中的奇迹：财务上的

奇迹、身体和精神疗愈的奇迹，以及关系愈合的奇迹。

杰克·坎费尔德
作家、教师、人生导师、励志演说家
这一切的发生，都是因为他们知道如何运用这个秘密。

这秘密是什么？

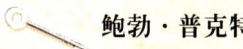

鲍勃·普克特

现在，你可能坐在那里猜想："这个秘密是什么？"我会告诉你我是怎么明了的。

我们都根据一个"无限的力量"运行着，也被同样的法则所导引着。宇宙的自然法则是如此精准，因此我们才能毫无困难地建造出宇宙飞船，把人类送上月球，并分秒不差地掌握登陆时间。

不论你身在何处——印度、澳大利亚、新西兰，以及斯德哥尔摩、伦敦、多伦多、蒙特利尔或纽约——我们的生活与工作都是依循同一个力量和法则。那就是"吸引力"！

这个秘密就是"吸引力法则"！

你生命中所发生的一切，都是你吸引来的。它们是被你心中所保持的"心像"吸引而来，它们就是你所想的。不论你心中想什么，你都会把它们吸引过来。

"你的每个思想都是真实存在的东西——它是一种力量。"

普兰特斯·马福德（1834—1891）

在这世上出现过的伟大导师都教导我们，宇宙中最有力量的法则就是"吸引力法则"。

如莎士比亚（William Shakespeare）、罗伯特·勃朗宁（Robert Browning）、布雷克（William Blake）之类的诗人，他们在诗里头传达它；像贝多芬等音乐家，就通过音乐表达它；达·芬奇等艺术家，则在绘画里描写它；还有包括苏格拉底、柏拉图、爱默生、毕达哥拉斯、培根、牛顿、歌德、雨果等伟大的思想家和文学家，则在他们提出的道理和著作中分享它。他们的名字永垂不朽，他们的传奇故事百年不衰。

像印度教、佛教、犹太教、基督教等宗教，以及古代巴比伦和埃及的文明，也都借由文字和故事传达这个秘密。借由各种形式，这个秘密被记录流传了好几个世纪，每个时代都能在古文中发现这个法则。公元前3000年,它就被记载在翡翠石板上了。虽然过去也曾有人觊觎这个知识——真的有人这么做——这秘密却仍有待人们去发掘。

这法则在万古之初就开始运行了。它一直都在,也将永远存在。

就是这个法则决定宇宙的完整秩序,决定你生命中的每分每秒,以及生活中经历的每一件事。不论你是谁,或是身在何处,吸引力法则都在塑造你的整个生命经验,而这个无上法则,正是通过你的思想来运作。让吸引力法则起作用的,就是**你**——借由你的思想。

查尔斯·哈尼尔在1912年这么描述吸引力法则:"整个生物系统都依之运作的最伟大、又绝无差错的法则。"

鲍勃·普克特
智者一直都明白这个秘密。回头看看古代的巴比伦人,他们也都明白这个秘密,他们是得天独厚的少数人。

对于古代巴比伦人和他们惊人的富裕繁荣,学者们都做了详细的文献记载。他们也以创造出世界七大奇观之一的"巴比伦空中花园"闻名于世。他们借由对宇宙法则的了解与运用，成为历史上最富有的种族之一。

鲍勃·普克特

你想想看，为什么那些只占人口总数1%的人，却赚走了全世界96%的财富？你以为那只是意外吗？那是有原因的。因为他们了解某些事情，他们明白这个秘密。现在，我们将带领你认识这个秘密。

所有在生活中吸引财富的人，其实都在使用这个秘密——不论他们自己知晓还是不知晓。他们用富裕与丰饶的思想来思考，绝不让与之矛盾的想法生根。他们心中的主要思想就是财富，他们专注于财富，心中没有其他想法。不论他们有没有察觉到这一点，那就是带给他们财富的，正是这些占据他们心中的思想。这就是吸引力法则实际运作的情形。

举一个"秘密"和吸引力法则实际运作的完美例子：你该听说过某些获得巨额财富的人，赔光了钱，但在短短的时间内又再度赚回惊人的财富吧？不论他们自己知不知道，发生在这些案例身上的实际情况是——他们心中的主要思想是放在"财富"上面，这正是他们一开始会获得财富的原因，然后他们让"害怕失去财富"的思想进入心中，直到失去财富的恐惧成了他们的主要思想。是他们自己把思想的天平，从"财富"端倾向"失去"

端，所以把钱全赔光了。然而一旦钱没了，"失去"的恐惧随之消失，他们的主要思想又会回到天平"财富"的那一端，于是财富就又回来了。

不论你想的是什么，这法则都会给你回应。

同类相吸

约翰·亚萨拉夫

对我来说，看待"吸引力法则"最简单明了的方式是，把自己想象成一块磁铁，我知道它会吸引某个东西。

你是宇宙中吸引力最强的磁铁！在你心中，具有比世界上任何东西都更强有力的磁引力。这无法估量的磁引力，正是通过你的思想散发出来。

鲍勃·道尔
作家、吸引力法则专家
基本上，"吸引力法则"说的就是"同类相吸"的道理，但实际上，我们是从"思想"上的层次来说的。

吸引力法则说"同类"会吸引"同类"，因此当你脑中出现一个思想，也会吸引其他同类的思想过来。以下是更多生活中你

可能有过的吸引力法则经验:

你是否曾经一开始去想某件不愉快的事情之后,就似乎越想越不愉快?那是因为,当你持续一种想法,吸引力法则会立刻带来更多同类的思想给你。才几分钟,你就引来了这么多同类的不愉快思想,于是整个状况就显得越来越糟糕。越想,你就越烦。

你或许曾经在听某首歌时,有过吸引同类思想的经验,你会发现,你无法在脑海中摆脱掉那首歌,它会在你心里头一遍又一遍地重复。那是因为,在听那首歌的同时——就算你没有察觉——你已经把全部的注意力和思想焦点放在上头了,当你这么做时,就会强力吸引更多与那首歌同类的思想。于是吸引力法则开始作用,一直不断带来更多那首歌的思想。

约翰·亚萨拉夫

身为人类,我们的任务就是持续保持我们想要的事物的思想,让我们想要的事物在心中保持绝对清晰,从而启动宇宙最伟大的法则之一——"吸引力法则"。

你会成为你心中最常想的那种人,也会吸引来你心里最常想的事物。

你目前的生活就是你过去思想的映现——包括所有美好的事，以及你认为不那么美好的事。既然"你最常想的事"会被你吸引过来，那么要了解你的生活中每个面向的主要思想，就变得轻而易举，因为它就是你的生命经验！但现在开始不一样了！现在你正在学习这个秘密，运用它，你就能改变一切。

鲍勃·普克特

如果你可以在心中见到它，你最终也将会拥有它。

如果能在心中想着你所要的，并且让它成为你的主要思想，那么你就会把它带进你的人生。

迈克·杜利
作家、国际级演说家

这个法则可以归纳成一句包含3个简单词汇的短句：思想——变成——实物！

借由这个最有力量的法则，你的思想变成生活中的实物。思想变成实物！不断地对自己这样说，让它渗透到你的意识和知觉里。思想变成实物！

约翰·亚萨拉夫

大多数人不了解的是，思想是有频率的，每种思想都有一个自己的频率。思想是可以测量的。因此如果你一再不断

地想它,在心中想象拥有全新的车子、获得所需的金钱、成立一家公司、找到心灵的伴侣……当你在想象那是什么样子时,就是在发出一种持续性的频率。

 乔·维泰利博士

思想会发出磁力讯息,并将相似的事物吸引回来。

"主要的思想或者心态,就是磁铁,
同类相吸,就是法则。结果必然是,
心态会吸引与其本质相呼应的状态。"

查尔斯·哈尼尔(1866—1949)

思想是具有磁性的,有着某种频率。当你思考时,那些思想就会发送到宇宙中,它们会像磁铁般,吸引所有相同频率的同类事物。所有发出的思想,都会回到源头。那个源头,就是**你**。

你可以这样想:我们知道电视公司的发射塔,是借由发送某个频率,然后转成家中电视的画面。其实大多数人都不知道它是怎么运作的,但我们知道,每个频道都有一个频率,当转到那个频率,我们就会看到电视的画面。我们借由挑选频道来选择频率，然后看到该频道的画面。如果想看不同的电视画面，我们就得切换频道，调到新的频率上。

你是一个人体发射塔，而且比世上任何电视发射塔都更强有力。你是宇宙中力量最强大的发射塔，你的传送创造了你的生命和这个世界。你传送出的频率到达的地方，是超越城市、国家和这世界的。它会在整个宇宙中回荡，而你就是用你的思想来传送那个频率的！

借由你的思想而传送的画面，可不是客厅电视机里的影像，而是你的*生命画面*！你的思想产生了频率，于是它们吸引该频率上同类的事物，然后传回到你身上，变成你的生命画面。如果想改变生命中的任何事，就借由改变你的思想，来转换频道和频率。

> "精神力的振动是最细微的，因此，也是现存事物中最有力量的。"
>
> 查尔斯·哈尼尔

鲍勃·普克特

想象你生活在富足之中，你就会吸引富足。这招每次都能奏效，而且对所有人都管用。

当你认为自己生活在富足之中，你就是在借由吸引力法则，有力且有意识地决定你的生命。事情就这么简单。但是，最明显的问题来了——"为什么不是每个人都过着他梦想中的生活呢？"

吸引好的，不要坏的

约翰·亚萨拉夫

问题就在这里。大多数人都在想为什么他们不想要的事物，总是一直不断出现在自己面前。

人们之所以无法拥有他们想要的，理由只有一个，就是他们对"不想要的"想得比"想要的"多。听听你的思想和你所说的话吧。这法则是绝对的，而且不会有差错的。

"不想要"是一个猖獗了数个世纪，比人类所曾见过的瘟疫更为严重的流行病。当人们把主要的所思、所言、所行都集中在"不想要的"事物上,就能让这种流行病一直存活。然而我们这一代将会改变历史,因为我们正在接受免于感染这种流行病的知识!它由你开始。只要你的所言、所思都只关乎你想要的,你就成了这新思想运动的开拓者。

鲍勃·道尔

吸引力法则不会去管你所感受的是好还是坏,也不会管你想不想要它。它只是回应你的思想。因此,如果你只是看着堆积如山的债务,对它感觉糟糕透顶,那你就是在对宇宙发出讯号说:"我真的感觉糟糕透了,因为有这么多的债务。"你这样想,只能是不断地向自己强调这种糟糕的状况。这种感觉充满了你生命中的每个层面,你得到的将会是越来越多这种烦恼的感觉。

吸引力法则就是自然的法则。它是客观的,眼中没有好的、坏的分别。它只是接收你的思想,然后以生命经验的形式,把这些思想回应给你。吸引力法则只是给你自己所想的东西罢了。

莉莎·妮可丝
作家、拥护自我主权者

吸引力法则是非常顺从的。当你想着你想要的事物,并且全心将焦点置于其上,吸引力法则每一次都会正确无

误地把你想要的事物给你。当你把焦点放在你不想要的事物上——"我不要迟到、我不要迟到"——吸引力法则是听不到你"不要"的呼喊的，它只会显现你所想的，所以它会一再不断地出现。吸引力法则对你的"要"与"不要"并无偏向。当你专注在某个事物上——不论它是什么——其实你就是在呼唤它来到你的生命里。

当你把思想聚集在你想要的事物上，并且持续集中注意力，在那个时刻，你就是在运用宇宙最强大的力量，召唤着你想要的事物。吸引力法则并不判别"不要""不""别"，或其他任何否定的字眼。当你用否定的字眼说话，吸引力法则所接收到的其实是这样的：

"我可不想让这套衣服被溅到。"
　"我要把东西溅到这套衣服上，而且要溅更多东西。"

"我不要剪个难看的发型。"
　"我要剪个难看的发型。"

"我不想被耽搁了。"
　"我想耽搁。"

"我不要那人对我那么粗鲁。"
　"我要那人和更多的人对我粗鲁。"

"我不要餐厅把我们的桌位让掉。"
　"我要餐厅把我们的桌位让掉。"

"我不希望这些鞋子不合脚。"

"我要这些鞋子不合脚。"

"这些工作我处理不过来。"

"我想要工作多到处理不过来。"

"我不想感冒。"

"我想感冒,而且还想感染更多疾病。"

"我不想争吵。"

"我想要更多的争吵。"

"别那样对我说话。"

"我就是要你和别人那样对我说话。"

吸引力法则给你的,就是你所想的——就这样!

鲍勃·普克特

吸引力法则总是在起作用,不管你是否相信它或者是否理解它。

吸引力法则就是创造的法则。量子物理学家告诉我们,整个宇宙是从思想中出现的!你借由思想和吸引力法则,创造出你自己的生命,而且人人皆然。不是你知道这个法则它才运作,它早已在你的一生及从古至今每个人的生命中持续运作。当你意识到这个伟大的法则,你就会意识到自己拥有多么不可思议的力量,竟然能够把自己的生命"想"出来。

莉莎·妮可丝

你在思考的同时，它就在运作。你思想流动的时候，吸引力法则也在运作。当你想着过去，吸引力法则在运作，当你想着现在或未来，吸引力法则也在运作。它是一个持续的过程，你无法摁下暂停或终止键，它和你的思想一样，永远都在运作之中。

不论我们是否有所察觉，我们大部分的时间都在思考。说话或听别人讲话时，你在思考；阅读报纸或看电视时，你在思考；回忆过去时，你在思考；考虑未来的事情时，你在思考；开车的时候，你在思考；早上准备一天的开始时，你也在思考。对我们许多人来说，只有在睡觉时才不会思考。然而吸引力法则的力量，仍然会对入睡前最后的那几个思想发挥作用。所以，睡前还是想些好的事情吧！

迈克·伯纳德·贝奎斯

创造一直都在发生。每当一个人产生一个思想，或者持续某种惯常的思考方式，他们就处在创造的过程中，就必定会有一些东西被创造出来。

你现在所想的，就在创造你的未来。你用思想创造你的生命。因为你一直在思考，你便一直在创造。你最常想的，或最常把焦点放在上头的,将会出现在你的生命中,成为你的人生。

如同所有的自然法则一样,这个法则有它的完美性。你创造你的生命。种什么因,得什么果!你的思想就是种子,你收成的果,是依你播下的种子而定的。

如果你抱怨,吸引力法则将强力带来更多让你抱怨的状况。如果你聆听他人的抱怨,并且把焦点放在上头,同情他们、赞同他们,在那一刻,你就是在吸引更多的抱怨情境给自己。

这个法则只是在反映并如实地把你思想所聚焦的事物,送回给你。有了这个强有力的知识,借由改变你的思考方式,你就能完全改变生命中所有的境况和事件。

比尔·哈利斯
教师、中心点研究院创办人
有位参加我在线课程的学生叫罗伯特,他是个同性恋者。课程部分内容是通过电子邮件进行的。

罗伯特是位同性恋者。在他给我的电子邮件中,描述了他生活中所发生的残酷事实。在职场上,他的同事联合起来欺侮他,人们对

他的恶意，让他一直感到压力很大。走在街上，到处都碰上厌恶同性恋的人用各种方式羞辱他。他想成为单人表演的喜剧演员，但在台上表演时，每个人都用同性恋的话题挑衅他。他的生活充满不幸和悲惨，焦点都围绕在"因身为同性恋者而被攻击"的想法上。

我开始教他，是他自己一直把焦点放在不想要的事物上的。我把他的电子邮件寄回去，并跟他说："你再读一次。看看你跟我讲了多少你不想要的事物。我看得出来，你对这些事反应非常激烈，而当你如此激烈地把焦点放在某事上，只会促使它更快发生！"

于是，他开始将"专注在想要的事物上"这件事谨记在心，并且开始真的试着去做。接下来6到8周所发生的事，绝对就是一个奇迹。以前在办公室骚扰他的同事，要么被调往别的部门、离开公司，要么根本不再找他麻烦。他开始喜欢他的工作了。当他走在街上，再也没有人骚扰他，他们全不见了。当他照例上台表演，他开始获得观众的起立喝彩，而且没人挑衅他了！

他整个生命都改变了，因为他从专注在他所不要、所畏惧、想避免的事物中，转变成专注在他真正想要的事物上。

罗伯特的生命改变了,因为他改变了思想。他向宇宙发出不一样的频率,不论情况看起来有多么不可能,宇宙必定会送来新频率的画面。罗伯特的新思想成为他的新频率,他的整个生命画面就改变了。

你的生命掌握在你手中。不论你现在身在何处、不论你生命中发生过什么事,你都可以开始有意识地选择你的思想,进而改变你的生命。根本没有所谓的"绝境",你生命的每个境况,都是能改变的!

心的力量

迈克·伯纳德·贝奎斯
你会将你思维中占主导地位的思想吸引到你的身边——不论这些思想是你有意识产生的,还是无意识产生的。这就是问题所在。

不管你过去是否察觉到你的思想,但现在你渐渐察觉到了。就在此时——借由这个秘密的知识——你从沉睡中醒来,并且变得有意识!意识到这个知识、这个法则,以及由你的思想而生的力量。

约翰·迪马提尼医师

说到这个秘密，如果在日常生活中仔细地观察，你会发现，心智和意念的力量就在我们的身边。我们需要做的，就是睁开眼睛去看。

莉莎·妮可丝

处处都看得到吸引力法则。每一件事都是你自己吸引来的：人、工作、环境、健康、财富、债务、喜悦、你开的车子、你参与的社群。你自己就像磁铁一样，这些都是被吸引来的。你想什么，就带来什么。你的整个生命，就是脑中思想的彰显。

这是个内含而非排外的宇宙，没有任何事物是排除在吸引力法则之外的。你的生命是一面镜子，反映出你的主要思想。这星球上的所有生物，都依着吸引力法则运作，人类和其他生物的差别是，人有能辨识的心，能够使用自由意志来选择自己的思想。人拥有能刻意去思考、用心智创造出自己整个生命的力量。

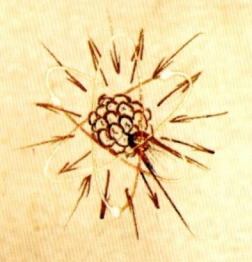

弗莱德·亚伦·伍尔夫博士

量子物理学家、讲师、作家

我们可不是从一厢情愿的想法或是假想的狂热观点来谈这些的，我要告诉你是要从更深层的、基于根本的基础上来理解它。量子物理学

其实已经真正开始指向这个发现，它告诉我们：我们不可能拥有这样一个宇宙，它可以独立于我们的意识之外。实际上，所有被我们感知的一切，都是由意识所塑造的。

想想那个宇宙中"最有力的发射塔"的比喻，你就会明白它与伍尔夫博士的话语之间绝佳的关联性。你的心里出现一些思想，然后画面会传送回去，成为你的生命经验。你不仅用思想创造你的生命，你的思想也为创造这个世界增添了强大的力量。如果你认为自己无关紧要、对这个世界没有影响力，那么请再想一想吧。其实你的心，正在塑造你周遭的世界。

过去80年来，量子物理学家惊人的研究和发现，使我们对深不可测的心智创造力有了更多的了解。他们的研究，和这世上伟大的智者们——包括卡耐基、爱默生、莎士比亚、培根、奎师那和佛陀——所说的话是一致的。

鲍勃·普克特

即便你不了解这个法则，也并不意味着你应该拒绝它。或许你并不了解电的工作原理，但你仍然可以享用电的好处。我不知道电是怎么运作的，但我知道：你可以用电来煮一个人的晚餐，你也可以用它来"煮"人（开个小玩笑）！

迈克·伯纳德·贝奎斯

通常，当人们刚开始了解这个伟大秘密时，会对他们所拥有的负面思想感到很害怕。他们必须要知道的是：科学上已经证实，一个正面思想的力量，胜过一个负面思想的力量数百倍。因此，这将会降低他们某种程度的忧虑。

要让负面的事物在你的生命中出现，的确是需要很多持续性的负面思想才能办到。然而，只要你持续负面思考一段时间，它们就会在你的生命中出现。如果忧虑自己有负面的思想，你就会吸引更多担心负面思想的忧虑，同时让这些忧虑加倍。所以现在就下定决心，只想那些有益的思想吧。同时，要向宇宙做出宣告：所有好的思想都是强有力的，任何负面的思想都是脆弱无力的。

莉莎·妮可丝

感谢你生活的世界给予你缓冲的时间，使你所想的不会立即成真，否则可就麻烦了。时间的延缓对你是很有利的。它给你"再评价"的机会，让你想清楚你想要的，并做出新的选择。

创造你生命的一切力量，此刻已经为你准备好可以随时使用，因为，此刻你就在思考。如果你已经有一些"实现后不会有好处"的思想，那么现在你就可以改变想法。你可以用好的思想来取代，把之前的思想都清除掉。时间对你很有用处,因为它可以让你有新的想法、发出新的频率——就是现在!

乔·维泰利博士

你要意识到自己的思想,谨慎选择你的思想,并从中获得乐趣。因为你就是自己生命的杰作,你就是你生命的米开朗琪罗,雕刻的大卫像正是你自己。

要主宰你的心灵,方法之一是学会让心静下来。毫无例外的,本书中所有的导师,都把静心当作每天的功课。直到发现这个秘密后,我才明白,静心的力量是多么强大。静心能够平息你的心,帮助你控制思想,并且让身体恢复活力。最棒的是,你无须挪出几小时来静心,刚开始只要每天3到10分钟,就能对思想的控制产生不可思议的效果。

为了更能觉察到你的思想,你也可以设定一个意念——"我是自己思想的主人"。常常这样说,静心时也这样想。由于这样说,静心时也这样想。由于你保持这样的一个意念,依据吸引力法则,你一定会变成那样。

你现在接受的,是能够创造出你最精彩的生命版本的知识。而这个版本的你,其可能性已经存在了——就在"**你这个精彩版本**"的频率中。决定你想成为什么样的人、做什么事,以及拥有什么东西。然后想着这些,发出频率,你的愿景就会在你的生命中实现。

秘密摘要

- 生命的伟大秘密就是吸引力法则。

- 吸引力法则说"同类相吸"。因此当你有了一个思想,你也会吸引同类的思想过来。

- 思想是具有磁性的,并且有关某种频率。当你思考时,那些思想就发送到宇宙中,然后吸引所有相同频率的同类事物。所有发出的思想,都会回到源头——你。

- 你就像是一座"人体发射塔",用你的思想传送某种频率。如果想改变生命中的任何事,就借由改变你的思想来转换频率。

- 你当下的思想正在创造你的未来。你最常想的或最常把焦点放在上头的,将会出现在你的生命中,成为你的人生。

- 你的思想会变成实物。

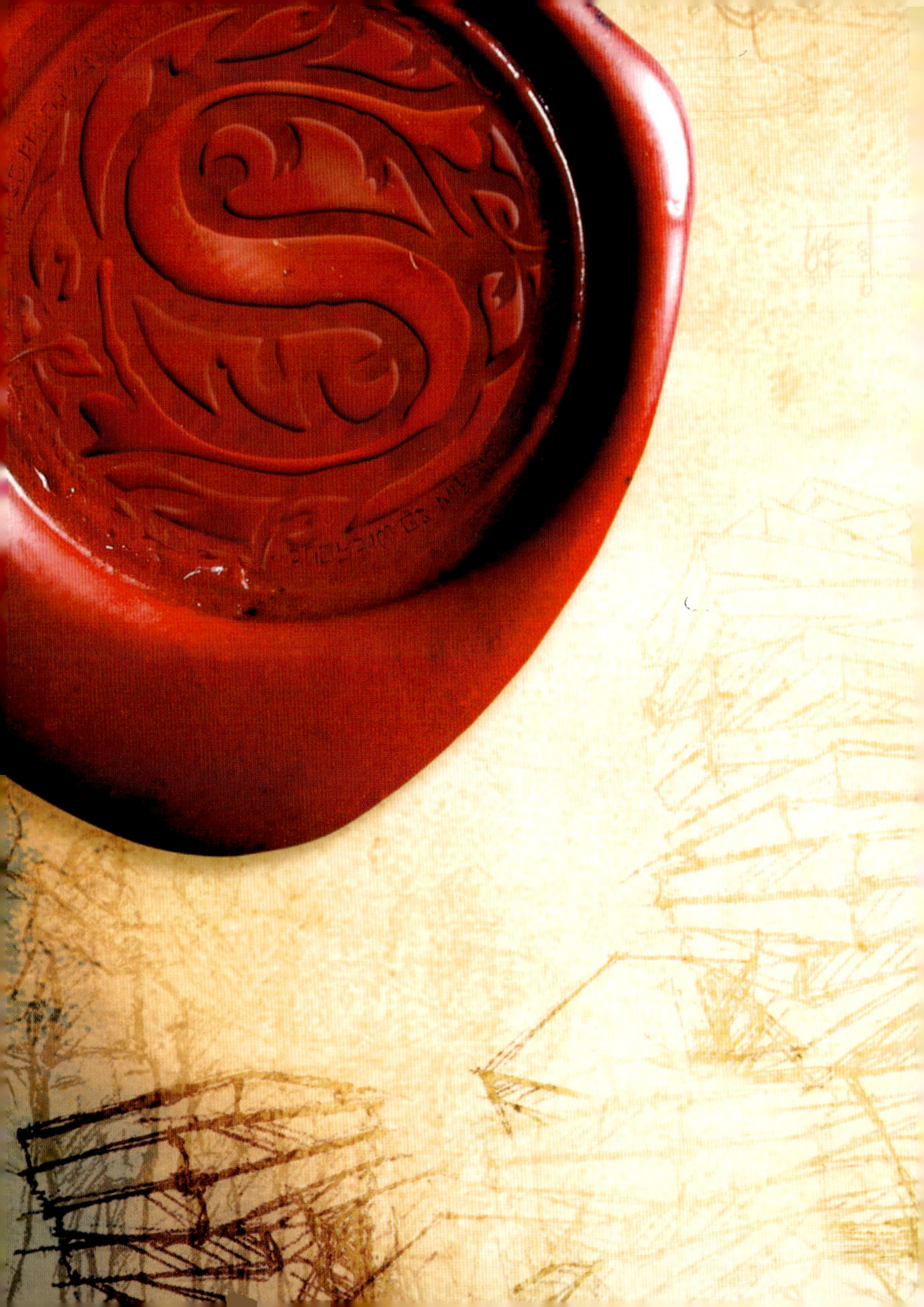

秘密的法则

迈克·伯纳德·贝奎斯

我们生活在一个由"规律"所支配的宇宙中，比如，万有引力定律。假如你从一栋大楼上掉下来，不论你是好人或坏人，都会落到地面上。

吸引力法则就是一种自然的法则，跟万有引力定律一样公正无私，既精准又正确。

乔·维泰利博士

你现在生活中的一切，包括你正在抱怨的事，都是由你自己吸引来的。我知道，乍听起来这个说法，你可能不太喜欢。你可能会马上说："我可没去吸引车祸，没去吸引这种难搞的烂客户，也没特别要去吸引债务。"可是我要在这儿有些冒犯地对

> 你说：*是的，是你把它们吸引来的。这正是最难了解的概念之一，然而一旦接受了并能理解它，你的生命将发生不可思议的改变。*

通常人们第一次听到"秘密"的这个部分，就会想起历史上造成许多人失去生命的事件，对于这么多人把自己吸引到这个事件中的说法，他们无法理解。依据吸引力法则，这些人必须跟这个事件处于同一个频率。这不一定是说，这些人都想着那个明确的事件，而是说，他们思想的频率和那个事件的频率互相吻合。如果人们相信，自己会"在错的时机待在错的地方"，认为自己对情势毫无掌控力，如果持续那些恐惧、分离和无力的思想，就可能真的吸引他们"在错的时机待在错的地方"。

你现在可以选择。你是否愿意相信你的不幸只是偶然？你是否会觉得自己在某一刻会处于错的时间错的地点？你是否觉得自己只能听天由命？

或者你愿意相信，并认为你的生命经验就掌握在自己手上，只有好的事物会进入你的生命，因为你就是这样想的。你是有选择的，不论你选择去想什么，都将会成为你的生命经验。

但除非你用持续的思想召唤，否则不会有任何经验进入你的生命。

鲍勃·道尔

我们大多数人都是依着"默认方式"在吸引事物。我们认为自己对它没有任何控制力。我们的思想和感觉都是处在自动驾驶状态，所以每一件事都是依着"默认方式"降临到我们身上的。

没有人会故意去吸引不想要的事物。如果不知道这个秘密，某些你不想要的事物，就会在你或他人的生命中发生，这是显而易见的。这都只是我们对思想的强大创造力缺乏意识的结果。

乔·维泰利博士

如果你是第一次听到这个，你可能会觉得："天啊，我得监控我的思想？这是很麻烦的事。"刚开始看似是这样，但乐趣却从此展开。

这乐趣就是，要达到这秘密有许多的捷径，而你得选出对你最有效的那一个。继续读下去，你就会知道该怎么做。

玛尔西·席莫芙

作家、国际级演说家、潜能开发训练导师

想要监控我们所有的思想是不可能的。研究者指出，我们每天大约有6万个思想。你能想象要控制全部6万个思想，会有多累吗？幸好我们有

个简单的方法,那就是我们的"感觉",感觉能让我们知道我们想的是什么。

感觉的重要性再大也不为过,感觉是帮助你创造生命最棒的工具。你的思想就是所有事物的起因,你在这世界所看到和经历到的一切——包括你的感觉——就是结果。起因永远是你的思想。

鲍勃·道尔

感觉是我们最不可思议的天赋,它让我们明白我们在想什么。

你的感觉能很快地让你知道你在想什么。想想过去有什么时候,你的感觉突然消沉了下去——或许是听到了某些坏消息。你的胃部或腹腔的感觉是即时性的。因此你的感觉,就是让你知道你在想什么的即时讯号。

你必须意识到你的感觉如何,并且与它进行一种调和,因为它是让你知道你在想什么的最快的方法。

莉莎·妮可丝

你的感觉有两种:好的感觉和不好的感觉。你知道它们二者的差别:一个让你感觉美好,另一个让你感觉糟糕。从根本上来说,所有负面的感觉——你可能用各式各样的名字来称呼它,但不管你是称它为"负罪感",还是"沮

丧""愤怒""怨恨"等，它们带来的感觉都一样，都是让你感觉很不好。

没有人能跟你说，你的感觉到底是好还是坏，因为在任何时候，只有你才知道自己的感觉如何。如果不能确定你的感觉，只要问问自己："我现在感觉怎样？"在一天里，你可以常常停下来，问问自己这个问题。当你这么做时，就更能察觉到自己的感觉。

你必须知道一件最重要的事，那就是，不好的感觉和好的思想，是不可能同时存在的。否则就违反了法则，因为感觉正是思想所引发的。如果你感觉不好，那是因为你拥有会造成不好感觉的思想。

思想决定了你的频率，而感觉则会立即告诉你，你是处在哪个频率上。当你感觉不好的时候，你就是处于会引来不好事物的频率上，于是吸引力法则势必要传送更多坏事的画面来回应你，而这些坏事会使你感觉很糟。

当你感觉很糟，却又不努力改变思想来让自己感觉好一些，实际上，你是在说："多给我一些机会让我感觉不好的情境吧。继续再来吧！"

莉莎·妮可丝

与之相反的就是，你具有好的情绪和感觉。当它们来临的时候你会知道，因为它们会让你感觉美好。你的感觉告诉你，你所思想的东西，和你所要的东西是一致的。想象一

下，如果我们每天都能有那样的感受——兴奋、喜悦、感激和爱。当你庆祝这些美好的感觉时，你就会吸引来更多美好的感觉，以及让你感觉美好的事物。*

鲍勃·道尔

因此，它真的就是如此简单，秘密就在这里，答案是："现在我正在吸引什么呢？"那么，你现在感觉怎样？"我的感觉不错呀。"很好，那就继续保持吧！

感觉美好却又同时拥有负面的思想，是不可能的。如果你感觉美好，那是因为你有好的思想。你看，你可以拥有生命中任何想要的事物——没有限制。但是有个条件：你得感觉良好才行——想想，这不正是你一直想要的吗？这个法则实在是太完美了。

玛尔西·席莫芙

如果你感觉很好，就是在创造一个符合你向往的未来，如果感觉不好，就是在创造一个偏离你向往的未来。你在生活的同时，吸引力法则也时时刻刻在运作。我们所想和感觉的一切，都在创造我们的未来。如果你担忧、恐惧，那么一整天下来，你就会吸引更多担忧和恐惧来到你的生命中。

当你感觉美好的时候，你一定是在想着美好的思想。因此，你就是走在正确的路上，发出强力的频率，吸引更多让你感觉美好的事物回到你身上。把握那些让你感觉美好的时刻，并且好好地利用它。要知道,当你感觉美好的时候,你正强力地吸引更多美好的事物给你。

让我们更进一步探讨:万一你的感觉,其实就是宇宙想要让你知道"你正在想什么"的一种沟通方式呢?

杰克·坎菲尔德
我们的感觉就是一种"反馈机制",好让我们知道:我们是不是走在正轨上,有没有偏离了方向。

要记住,你的思想就是所有事物的主要原因。因此,当你有某种持续性的想法,它会立刻被传送到宇宙中,它会像磁铁般被引至同类的频率上,然后几秒之内,该频率的解读就会通过你的感觉传送回来。换句话说,你的感觉就是宇宙传回来的沟通讯息,告诉你目前你在哪个频率上。你的感觉就是频率的回馈机制!

当你感受到美好的感觉,那就是宇宙送回的沟通讯息在说:"你正在想着好的思想。"同样的,当你感受到不好的感觉,那就是宇宙的沟通讯息在说:"你正在想着不好的思想。"

因此当你感觉不好的时候,那是来自宇宙的沟通讯息,实际上它是在说:"警告!现在该改变想法了——负面频率记录中——频率切换——倒数计时——警告!"

下次若感觉不好,或是感受到任何负面情绪时,聆听一下你从宇宙接收到的讯息吧。感觉不好时,你就是在阻挡美好事物的到来,因为你正处于一个负面的频率上。转变你的思想,想想美好的事物,然后,当你开始有了好的感觉时,你会知道自己已经转换到了新的频率,宇宙会给你更好的感觉来表示确认。

鲍勃·道尔

你所得到的,正是你所"感觉到的"东西,而不太是你所"想"的东西。

这就是为什么人们如果一起床就撞到脚趾,就很容易产生连锁反应(坏运气越来越多):导致一整天都不顺。他们丝毫不懂得,只要情绪上的一个小小改变,就会改变他们一天的状况和生活。

如果你从拥有美好的一天开始,并且沉浸在那种快乐的感觉中,只要不让某些事转变你的心情,依据吸引力法则,你就会吸引更多类似的人和情境,来延续那种幸福快乐的感觉。

我们都有过事情一连串出差错的经历,那个连锁反应是由一个思想开始的——不论你有没有察觉到。那个不好的思想,吸引了更多不好的思想,频率锁定后,事情就出差错了。然后,当你对那"出差错的事"做出反应,又吸引更多出差错的事。反应的结果，只会吸引更多相同的东西。这个连锁反应会持续地发生，直到你能借由刻意改变思想，让自己脱离那个频率为止。

你可以把思想转换到你想要的事物上，通过感觉来接收改变频率后的确认讯息，吸引力法则会捕捉那个新的频率，并将新的生命画面给你传送回去。

这正是你可以利用感觉，来使你在生命中想要的事物加速发生的方法。

你可以有意地借由增加对渴望事物的感觉，来传送更强有力的频率。

迈克·伯纳德·贝奎斯

你现在就可以开始感觉健康、富有或感受那围绕着你的爱，即使它们根本不存在。那么将会发生的事情就是：宇宙会响应你心曲的内容，宇宙会对你内在的感觉状态做出响应，并且将它们呈现出来，因为那正是你所感觉的情形。

所以你现在感觉如何呢？花点时间想想你的感觉如何。如果你的感觉不如你想要的那么美好，那么就把焦点放在你内在感觉的感受上，并且有意地去提升它。当你很热切地专注在你的感觉上，借由想要提升自己的意念，就可以很有效地提升它们。有一个方法是，闭起你的眼睛（屏蔽令你分心的事物），专注于你内在的感觉之上，然后微笑一分钟。

莉莎·妮可丝

你的思想和感觉，创造了你的生活。永远都是这样。保证如此！

如同万有引力定律一样，吸引力法则绝不会有差错。你不会看见猪在天上飞，除非万有引力定律出了错，当天忘记把这法则加在这头猪身上。同样的，吸引力法则也不会有例外。如果某事发生在你的身上，那是你吸引来的——通过持续性的思想。吸引力法则是精确无误的。

迈克·伯纳德·贝奎斯

这个道理可能很难让人轻易接受。不过，当我们开始对它敞开心胸（相信它），结果会是令人敬畏的。这意味着，不论你生命中曾经存在什么思想，在你的生活中造成了什么影响，都可借由意识的转移来将其解除。

你拥有改变一切的力量，因为选择思想和感受感觉的，就是你自己。

"生活的同时，你也在创造你自己的宇宙。"

丘吉尔

乔·维泰利博士

你要"感觉美好",这很重要,因为这种"感觉美好",就是发射到宇宙中的信号,然后它吸引更多同样的事物给你。所以你越能感觉美好,就会吸引越多有助于你感觉美好,以及持续让你更加振奋的事物。

鲍勃·普克特

你知不知道,当你感觉沮丧的时候,你是可以在一瞬间就改变它的?放一曲美妙的音乐或唱一首歌,就会改变你的情绪。或是去想想美好的事物,想想小婴儿或是你真正喜爱的人,并停留在这个感觉上,要真正把它保留在心中。除此之外,将其他的一切思绪都赶出去。我保证你一定会开始感觉好起来的。

把一些"秘密转移物"列出来,当作你的锦囊妙计。我所说的"秘密转移物",是指那些可以轻易改变你的感觉的事物,它可能是个美丽的回忆、未来的憧憬、好玩的时刻、大自然、你爱的人或是你喜欢的音乐。当你发现自己生气、受挫或感觉不太好的时候,就去找你的"秘密转移物",并把焦点放在其中之一。在不同的时机,能有效转变你的事物也会有所不同,因此如果试了一个无效,就改换另一个看看。只要将焦点改变一两分钟,就能转变你自己和你的频率。

爱是最伟大的情感

詹姆斯·雷

哲学家、作家、富裕与人类潜能课程创立者

举例来说,感觉美好的法则可以运用到你家的宠物身上。动物是很棒的,因为它们能令你置身于伟大的情感状态,当你感受到对宠物的爱时,那种伟大的情感状态,会把美与善带进你的生命中。这是多么棒的恩赐啊!

"思想与爱的融合,形成了吸引力法则不可抗拒的力量。"

查尔斯·哈尼尔

宇宙中,没有比爱更伟大的力量了。爱的感觉,是你所能发出的最高的频率。如果你能把每个思想都裹上爱,如果你能爱所有的事物和人,你的生命就转变了。

事实上,过去某些伟大的思想家,都是用"爱的法则"来称呼吸引力的法则的。如果你思考一下,就会了解为什么。如果你对别人有不友善的想法，最后体验到更明显的不友善思想的，将是你自己。你无法用你的思想伤害别人，你只会伤害你自己。如果你想的是爱的话，想想看谁会蒙受其利——你！因此，如果你的主要状态是爱，吸引力法则或"爱的法则"将会以最强的力量来回应你。你所感受和发出的爱越大，你所驾驭掌控的力量也就越大。

"给予思想活力，让它与其目标相关联，并因此主宰每个人生逆境的经验，所运用的原理就是吸引力法则——亦即爱的另一种称呼。这是在一切哲学体系、宗教、科学、万物中，既永恒又根本的原理。一切都无法逃离爱的法则。给予思想活力的，正是感情。感情即欲望，欲望即爱。充满爱的思想，是天下无敌的。"

查尔斯·哈尼尔

玛尔西·席莫芙

一旦你开始了解并且真正主宰你的思想和感觉时，你就会明白，你就是你自己现实的创造者。这也就是你的自由和所有力量之所在。

玛尔西·席莫芙还跟我们分享了伟大的爱因斯坦一句很棒的话："每个人可以问自己最重要的问题就是——'这是个和善的宇宙吗？'"

若了解吸引力法则，唯一答案就是："是的，这宇宙是和善的。"为什么？因为你如是回答，依据吸引力法则，就将会拥有如是经验。爱因斯坦知道这个秘密，因此提出这个有力的问题。他知道，借由这个问题，能够迫使我们去思考并做出抉择。借由这个提问，他给了我们一个很大的机会。

若更进一步探究爱因斯坦的意图，你可以肯定，并做出宣告："这是个精彩非凡的宇宙。这宇宙带给我所有美好的事物，这宇宙暗中协助我成就每一件事，我所做的一切，宇宙都支持我。这宇宙能直接符合我的需求。"你知道，这是个和善的宇宙！

杰克·坎菲尔德

自从我知道这个秘密并开始把它运用在生活中，我的生命真的变得像魔术一样不可思议。我想着那种大家都梦想的生活，我每天也都生活在大家都梦想的那种生活中。我居住在价值450万美元的寓所，有个可以让我用整个生命去爱的妻子，可以到全世界所有最棒的景点去度假，我登山、探险、打猎。这一切都发生了，而且还在持续发生中，都是因为我懂得如何去运用这个秘密。

鲍勃·普克特

生命绝对不可以平凡，而且本来就该不平凡。一旦开始运用这个秘密，你的生命也将会是非凡的。

这是你自己的人生，它一直在等待你去发现！在这之前，你可能一直认为生命是艰苦和充满挣扎的，所以依据吸引力法则，你就会体验到艰苦和挣扎的生活。现在就开始对宇宙呐喊吧："生活是多么轻松！生命是多么美好！所有美好的事物都向我而来！"

在你内心深处，有个一直在等待着你去发现的真相，这个真相就是——你本来就该得到生命中一切美好的事物。你天生就知道这点，所以才会在欠缺美好事物的时候，感觉糟糕透顶。拥有美好的事物，是你天生的权利！你就是自己的创造者，吸引力法则是创造生命中你想要事物的最佳工具。欢迎进入**你**充满魔力与华丽的生命中！

秘密摘要

- 吸引力法则就是一种自然法则，跟万有引力定律一样公正无私。

- 除非你用持续的思想召唤，否则不会有任何经验进入你的生命。

- 只要问自己现在感觉如何，就能知道你正在想什么。情绪是非常有价值的工具，能立即告知我们自己在想什么。

- 不好的感觉和好的思想，是不可能同时存在的。

- 思想决定了你的频率，而感觉则会立即告诉你，你是处在哪个频率上。当你感觉不好的时候，你就是处于会引来不好之物的频率上，当你感觉美好时，你就是在强力吸引更多美好的事物。

- 秘密转移物——例如快乐的回忆、大自然或你喜爱的音乐——可以瞬间改变你的感觉，转换你的频率。

- 爱的感觉，是你所能发出最高的频率。你所感受和发出的爱越大，所掌控的力量也就越大。

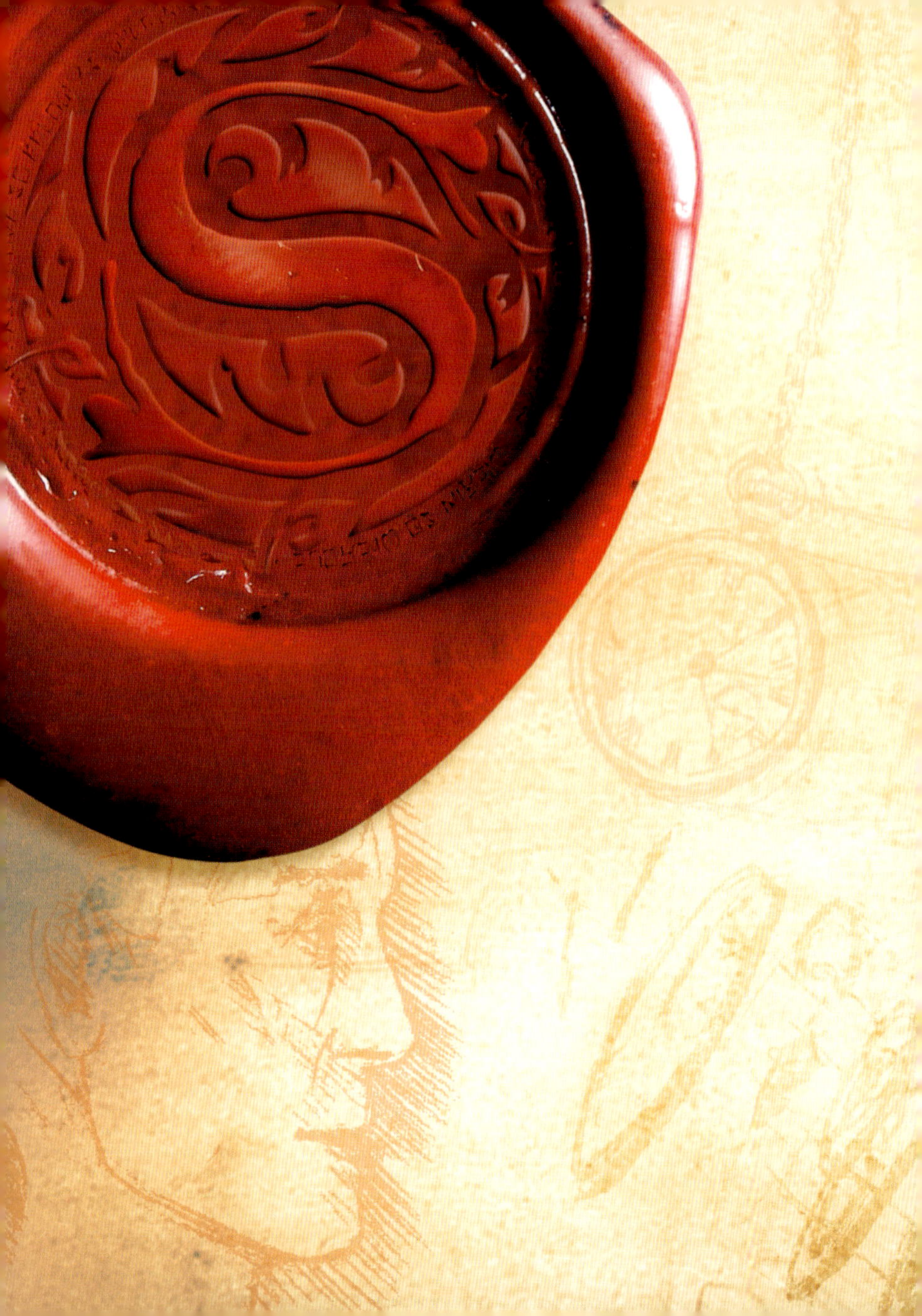

秘密的运用

你是一个创造者，而且存在一个简单的创造过程，那就是运用吸引力法则。世上最伟大的人物和导师们，已经通过无数种形式与他们美妙的作品，分享了这个创造的过程。有些伟大的导师创作了一些故事，借以说明这宇宙是如何运作的。他们故事里所蕴藏的智慧代代流传，并且成为传奇。许多活在现代的人，并不晓得这些故事的精华其实蕴含着生命的真理。

詹姆斯·雷

想想阿拉丁神灯的故事。阿拉丁拿起神灯，拭去灰尘，结果冒出了一个巨人。那巨人总是说一句话：

"您的愿望，就是我的命令！"

这故事现在流行的版本，都说只能许三个愿望，但如果你回溯

这个故事的源头，其实愿望绝对是毫无限制的。

想想其中的含义吧。

现在，让我们将这个比喻运用到你的生活中去。记住阿拉丁是个一直在寻求他自己愿望的人，而整个宇宙就是那个巨人。传统中对它有许多不同的称呼——你神圣的守护天使、你更高的自我。我们可以把它贴上任何标签，你可以选个最适合你的。但每个传统名字都告诉我们，有个比我们更大的存在。而那个巨人总是说一句话：

"您的愿望，就是我的命令！"

这个美妙的故事说明了，你的整个生命和其中的事物，是如何**被你**创造出来的。这个巨人对你的每个愿望，都是爽快地答应。这个巨人就是吸引力法则，它一直都在，并且总是在聆听着你的所言、所思和所行。这个巨人认为：凡是你所想的，就是你要的！凡是你所说的，就是你要的！凡是你所做的，就是你要的！你就是宇宙的主人，巨人就是来服侍你的。这个巨人从不质疑你的命令。你一想，这个巨人就会立刻从宇宙那儿弄来人、情境和事件，来完成你的愿望。

创造的过程

这秘密所采取的创造过程——是个简易的指导方针,让你以三个简单的步骤,创造你所想要的事物。

步骤一:要求

莉莎·妮可丝

第一步是"要求"。对宇宙下命令,让宇宙知道你要什么。宇宙会响应你的思想。

鲍勃·普克特

你真正想要的是什么?坐下来,把它写在一张纸上,用"现在时态"来写。你可以这样开头:"我现在是多么快乐和感激,所以……"然后,说明在每个领域你想要的生活是什么样子。

你有选择想要什么的机会,但是你必须先确定自己到底要什么,这是你的工作。如果还不清楚自己想要什么,吸引力法则是无法为你带来任何东西的,你将会发出混杂的频率,吸引的也只会是混杂的结果。或许,这是你今生第一次去弄清楚自己到底想要什么。现在你知道你可以拥有任何东西,成为任何人或去做任何事,完全没有限制。那么,你到底想要什么呢?

在创造的过程中,"要求"是第一步,所以养成要求的习惯吧!如果你非得做出选择,但又不知该选哪一个,那就要求吧!你不该被生命中任何事情所牵绊,去要求就对了!

乔·维泰利博士

这真的很有意思,就好像是将宇宙当作目录一样,你翻了翻,然后决定:"我要这个体验,我要那个东西,我要那样的人。"你就是向宇宙下订单的人,真的就是这么简单。

你无须一再不断地要求,一次就好。它就和在目录中下订单一模一样,东西点一次就够了。你不会下了订单,然后又怀疑没有收到而不断地下订单,你只需要下单一次。创造的过程也是如此,"步骤一"只是确定你想要什么的一个步骤。当内心已经确定了想要什么的时候,你就已经在要求了。

步骤二:相信

莉莎·妮可丝

第二步是"相信"。相信"它"已经是你的了。要有"不动摇的信心"——我爱这么称呼它。相信"看不见"的事物。

你必须相信自己已经收到。你得知道,在要求的那一刻,你所想要的就已经是你的了。你必须要有全然和绝对的信心。如果你已经从目录上下了订单,你就会放轻松,知道你会收到你订的东西,然后继续生活。

> "要当作你已经拥有自己所想要的事物,知道它将会在你需要的时候到来。然后,接受它的到来。不要为它感到焦虑、担忧,不要去想你缺少它。想象它是你的,它属于你,它已经为你所有。"
>
> 罗伯特·克里尔(1885—1950)

在你要求、相信并且知道你已在看不见的世界里拥有它的时候,整个宇宙就会转变,把它带到看得见的世界里来。你的所行、所言和所思,都必须像正在接收它一样。为什么?宇宙是一面镜子,而"吸引力法则"会映照出你的"主要思想"。所以你必须认为自己正在接收它,这是很有道理的。如果你的思想注意到了你"还没拥有它",那么你持续吸引来的就会是"还没拥有它"。你必须相信你已经拥有,必须相信你已经收到,必须发出"已经收到"的感觉频率,好让这些画面传回来,成为你的生命经验。当你这么做,吸引力法则将会强力驱动所有的情境、人和事件,好让你接收它。

当你预约一个假期、订购一部全新的车，或者买一栋房子，你知道这些东西都是你的，你不会同时又去订另外一个假期、车子或房子。当你中了彩券，或者继承一大笔遗产，即使你还没实质上拿到钱，也知道它已经是你的了。"相信它是你的"就是这种感觉，也正是"相信你已经拥有""相信你已经收到"的感觉。利用感觉和相信"它们已经是你的"，从而对你想要的事物做出要求。当你这么做时，吸引力法则会强力驱动所有的情境、人和事物，好让你来接收它。

你要如何把自己带到"相信"的点上？开始"假装"吧！像个孩子般的假装，举止要像你已经拥有它一样。当你假装，你就会开始相信你已经收到它了。巨人无时无刻不在回应你的主要思想，并非只在你要求的时候。这就是为什么在你要求之后，你必须持续去"相信"和"知道"。要有信心，"你已经拥有它"的这种不朽的信心，正是你最大的力量。当你相信你"已经在接收它了"时，请准备好，看着这个魔法发生吧！

> "你能拥有你想要的——只要你知道如何在思想里塑造出它的雏形。只要学会通过自己来使用创造力，任何梦想都能成真。对一个人有效的方法，对所有的人也会有效。力量的钥匙，就潜藏在使用'你所拥有的'……自由的、完全的……借此，把你的频道大大地敞开，让更多的创造力

流经你的心中。"

罗伯特·克里尔

乔·维泰利博士
所有的宇宙力量都在响应你所发起的思想，这宇宙将会为了你，开始重新调整，使之变成现实。

杰克·坎菲尔德
我们中的大多数人，从不让自己去向往自己真正想要的事物，因为我们不明白这到底是如何实现的。

鲍勃·普克特
只要稍微做点研究，你会明显地发现，那些成功做成某件事的人，在做之前都并不知道该如何下手，他们只知道自己要去做那件事。

乔·维泰利博士
你不需要知道它会如何到来，你也不需要知道宇宙要怎样重新调整它自己。

它要怎样发生或宇宙要如何把它带来给你，都不关你的事。让宇宙来为你做这些事吧。当你努力要弄懂它是如何发生的，你就是在发出一种缺乏信心的信号——你不相信自己已经拥有它。你不相信宇宙会为你去做，而认为你必须自己去做。在创造的过程中，"如何"并不是属于你的部分。

鲍勃·普克特

你不知道怎么做,但它会呈现给你看。你吸引了这个创造过程。

莉莎·妮可丝

大多数时候,如果看不到我们所要求的事物出现,我们就会感到沮丧失望,于是开始怀疑。这个怀疑带来了失望的感觉。接受这个怀疑,并且转化它。辨认出这个感觉,并且用坚定的信心——"我知道它已经在实现的道路上了"——去取代它。

步骤三:接收

莉莎·妮可丝

第三步,也是这过程的最后一步,就是"接收"。开始感觉好极了。想想若是你想要的事物已经到来,将会是什么样的感觉,就用同样的感受来感觉它,现在就去感觉它。

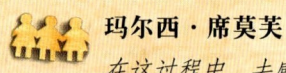

玛尔西·席莫芙

在这过程中,去感受喜悦、快乐是很重要的,因为当你感觉良好时,你就是把自己放在你所要的事物的频率上。

迈克·伯纳德·贝奎斯

这是个充满情感的宇宙。如果你只在理智上相信某事,但背后却没有与之对应的感觉存在,那么,你就不会有足够的力量在生命中实现你想要的事物。你必须对它"有所感觉"。

做一次"要求","相信"你已经得到,然后在"接收"的部分,你只要去感觉喜悦就好。当你感觉很好的时候,你自己就仿佛是一个不断接收美好事物的"接收器",而且你将会得到你所要求的。除非它是得到之后会让你感觉良好的事物,否则你是不会要求它到来的,不是吗?所以把自己放在能让你感觉良好的频率上吧,你会有所得的。

有个把你放在那个频率上的快速方法是对自己说:"我现在就在接收它。我现在就在接收我生命中的一切美好事物。我现在就在接收……(自行填入你的渴望)"然后去感觉它,去感觉好像你已经接收到它一样。

我的一位挚友玛尔西,是我所见过最伟大的催化者之一,她会感觉所有的事物。她会去感觉当她得到所要求的事物时的那种感受,她会把所有的感觉化为真实的存在。她不会被"如何""何时""何处"捆绑住,她只是去感觉它,然后它就显现出来了。

所以,现在就去感觉喜悦吧。

鲍勃·普克特

当你把梦想变成事实,你就会想把那个梦想构筑得越来越大。亲爱的朋友,创造的过程就是如此。

"你们祷告，无论求什么，只要信，就必得着。"

马太福音21:22

"凡你们祷告祈求的，无论是什么，只要信是得着的，就必得着。"

马可福音11:24

鲍勃·道尔

因此，对吸引力法则的学习与实践，就是要找出怎样才能够帮助你产生"我现在就已经拥有它"的感觉。去试开那辆车，去为那房子购买家具，进去那房子里参观，尽你所能去产生"我现在就已经拥有它"的感觉，并且牢记那种感觉。你为了达成它所做的每件事，都会帮你真的吸引它来到你身边。

当你感觉好像现在就拥有它，那种感觉真实到如同你已经拥有它一般，相信已经得到，你就会得到。

鲍勃·道尔

可能你一早醒来，它就在那儿，它实现了。或者，你可能会得到某些行动的灵感。当然你不能说："我是可以这么做的，但老兄，我讨厌那样。"若是这样的话，你就没有在正确的轨道上。

有时候行动是必要的。如果你所做的，真的和宇宙带给你的一致，你就会感觉很快乐、感觉非常有活力。时间仿佛停止了，你可以一整天都做这件事。

对某些人来说，"行动"这个词就意味着"工作"，但是受到启发的行动，感觉是一点也不像工作的。"受到启发的行动"和"行动"的差别是："受到启发的行动"是在做"接收"的动作，而如果你的"行动"，是努力想让事情发生，那你就走上回头路了。"受到启发的行动"是毫不费力的，而且你会感觉非常美好，因为你是处在接收的频率上。

把生命想象成一股急速流动的河水。当你的行动是为了让某件事情发生，那感觉将如同逆流而上，会很艰苦、挣扎。当你的行动是向宇宙接收，那感觉将有如顺流而下，毫不费力。这就是"受到启发的行动"，以及处在宇宙和生命之流中的感觉。

有时候，那行动的感觉是如此美好，因此要等你接收到了之后，才会察觉到自己是有采取"行动"的。那时候你将会回头看见宇宙是如何美妙而神奇地把你带到你想要的事物上，并且把这些事物带到你的面前。

乔·维泰利博士

宇宙喜欢快速行动。不要拖延、不要猜测、不要迟疑，当有机会、有冲动、有内在灵感推动的时候，行动吧。这是

你的任务，这也是你必须要做的全部。

相信你的直觉。那是宇宙在启发你，那是宇宙以接收的频率在与你沟通。当你产生了本能或直觉，就跟随它，你将会发现宇宙正如磁铁般，把你引领到你想要的事物那儿去。

鲍勃·普克特
你将吸引你所需要的任何东西。如果需要钱，你就会吸引到钱，如果需要人，你就会吸引到人，如果需要某本书，你就会吸引到那本书。你必须将注意力专注在你所要吸引的事物上面，因为当心中有着想要之物的画面时，你就会被它吸引，而它也会吸引你。但是实际上，它是借由你、通过你而成为有形的实相的。它凭借的就是吸引力法则。

要记得你是块"磁铁"，能吸引一切事物来到你身边。当你心中已经清楚想要的是什么事物时，你就成为吸引那些事物的磁铁，同时，它们也会反过来对你产生磁性。你越常去实践、越常见证到吸引力法则把事物带来给你的事实，你就会成为更巨大的磁铁，因为你增加了"信心""相信"和"知道"的力量。

迈克·伯纳德·贝奎斯
你可以从一无所有开始。然后，从这一无所有、从这不可能之中，道路就被创造出来了。

你所需要的，就是**你**自己，以及运用思想让事物化为真实存在的能力。人类历史上所有的发明和创造，都是起源于一个思想。道路就是从那个思想中出现，然后从"无形"到"有形"地显现出来。

杰克·坎菲尔德

想象有一辆在夜间行驶的车子，车灯只能照亮前方三五十米的道路，但你可以从加州连夜一路开到纽约，你只需要看得到前方50米的道路就可以了。生命也是如此在我们面前展开。只要我们相信，下一个50米的路途还会展现在我们面前，然后又一个50米接着展现……那么你的生活就会一直展开下去。不论你真正要的是什么，它最终都会带你到达目的地，因为那就是你想要的。

信任宇宙。要信任、相信、有信心。之前我真的不知道，如何将这个秘密的知识搬上电影银幕，我只是保持着"愿景的结果"，在心中清晰地看见它，用所有的力量去感受它，于是制作《秘密》的一切所需，就全都到位了。

> "有信心地踏出第一步，你不需看到整个楼梯，只要踏出第一步就好。"
>
> 马丁·路德·金 (1929—1968)

秘密与身体

让我们来看看那些觉得自己体重超标、想要减肥的人，如何使用这个创造的过程。

首先要知道的是，如果你专注在"减肥"上，你就会吸引来"必须减更多体重"的想法，所以要把"必须减肥"的想法从你的心中排除，它正是节食失败的原因。由于你是专注在"减肥"上，所以你一定会继续吸引"必须减肥"的结果。

第二件该知道的事是，体重超标的情况，是你对它的思想造成的。用最简单的话来说，如果某人体重超标，那是起因于他（她）想着"肥胖的思想"——不论那人自己有没有察觉到。一个人不可能想着"瘦的思想"，而同时又是胖的，那完全抵触了吸引力法则。

不论有人说他们是甲状腺功能低下或新陈代谢缓慢，还是说身材是遗传的问题，这些都只是在掩饰"肥胖的思想"。如果你接受以上任何一种情况适用于你，并且还相信了它，它一定会成为你的经验，你会继续引来"体重超标"的情况。

生了两个女儿之后，我的体重超标。我现在知道，这是因为我去听、去读了这些讯息——"生了小孩之后，是很难减肥的，特别是生了第二胎，那会更难"。我过去就是用这些"肥胖的思想"去召唤它，它也就如实地成为我的经验。我真的"暴肥"了，而且我越是注意自己"暴肥"得多严重，就越引来更严重的"暴肥"。我这么娇小的个头，竟有64公斤重，这都是过去我一直有"肥胖的思想"所导致的。

人们所普遍保持的想法是——我过去也这么想——食物是我体重增加的罪魁祸首。这是对你毫无用处的信念，现在对我来说，简直就是胡说八道！不是食物增加了体重，是你那认为"食物会增加体重"的思想，才使食物真的增加了你的体重。要记住，思想才是所有事物的主要原因，其他的只是这些思想的结果。想着完美的思想，其结果必然是拥有完美的体重。

放下一切受限的思想。食物是无法增加你的重量的，除非你认为它可以。

"完美体重"的定义是，让你感觉很好的那个体重，别人的意见都不算，只有自己感觉很好的才是。

你大概也认识一些人，他们像马一样会吃，但又瘦瘦的。他们很骄傲地宣称："我要吃什么就吃什么，我一直都有完美的体重。"于是宇宙的巨人就说了："您的愿望，就是我的命令！"

要运用创造的过程吸引完美的体重和身材，就遵循这些步骤：

步骤一：要求

确定自己想要的体重。想象等你有完美的体重时，看起来会是什么样子。如果自己有体重完美时拍的照片，就时常拿来看。如果没有，就找些符合你心目中理想身材的照片，时常看着这些照片。

步骤二：相信

你必须相信你会接收到并且相信自己已经拥有完美的体重。你必须想象、佯装、假装那完美的体重已经是你的。你必须认为自己已接收到那完美的体重。

把你的完美体重写下来，放在体重秤的读表上头，或者，都不要去测量自己的体重。你的所思、所言和所行，都不要与你所要求的相违抗。不要买你目前体重穿的衣服。要有信心，并且专注在你未来想要买的服装上。吸引完美体重和从宇宙的目录中下订单是一样的。看着目录，选择你要的完美体重，下订单，然后它就会被送到你手上。

让它成为你所寻求和羡慕的目标，并在内心赞赏那些拥有你心目中完美体重和身材的人。把他们找出来，当你在欣赏、感受那种感觉的同时，你就是在召唤这种感觉。如果你看见体重过重的人，也不要去过分注意他们，立刻将你的心，转移到你心目中完美身材的画面上，并且去感觉它。

步骤三：接收

你必须感觉很好。你必须对自己感觉很好。这很重要，因为如果你对自己现在的身材感觉很糟，你是无法吸引完美体重的。如果对你的身材感觉不好——这可是个有力的感觉——你就会继续吸引对身材感觉不好的感觉。如果你挑剔自己的身材、找它的缺点，你将永远无法改变你的身材。事实上，你会为自己吸引更多体重。赞美并且感激你的每一寸肌肤。想想所有**你**完美的地方。当你想着完美的思想、对**你**自己感到满意，你就是在完美体重的频率上召唤着完美。

华莱士·沃特尔斯（Wallace Wattles）在他的一本书中，分享了饮食上一个很棒的诀窍。他建议当你吃东西时，确保你是全神贯注在咀嚼食物的体验上。让心保持在当下，并且去体验吃东西的感觉，不要让心又漂移到别的事物上。感受身体当下的感觉，享受口中咀嚼和咽下食物的一切感觉，下次吃东西的时候试试看。当你完全沉浸于吃东西的当下，食物的滋味会非常强烈而美好，如果你让你的心漂走，大部分的滋味也就消失了。我相信，如果我们能享用当下的食物,把整个焦点都放在吃东西的愉快体验上,食物会在身体里完美地消化,对我们身体产生的结果也一定是完美的。

关于我自己体重故事的结局是,我现在维持大约52公斤的完美体重,而且可以想吃什么就吃什么。所以把焦点放在你的完美体重上吧!

要用多久的时间

乔·维泰利博士
另一件大家关心的事情是——"要多长时间才能实现我要买的车、我想要的关系以及想拥有的金钱呢?"我手中并没有任何守则明白地说它是需要花30分钟、3天或者是30天。其实把自己调整到和宇宙本身一致,才是更加重要的事。

时间只是个幻象,爱因斯坦这么告诉我们。如果这是你第一次听到,你可能会发现这是你很难理解的概念,因为你看见每一件事物都在发生——一个接着一个。但量子物理学家和爱因斯坦告诉我们的是,所有事情都是同时发生的。如果你了解"时间并不存在",并且接受这个观念,那么你就会明白,任何你未来想要的事物,现在就已经存在了。如果一切都是在同一个时间发生,那么你的"平行版本"——连带你想要的一切——也都已经存在了。

宇宙显现你要的事物，是不花任何时间的。这是因为你尚未达到相信、知道和感觉"你已经拥有它"的地步，所以才会感觉到时间的延宕。把自己带到想要事物的频率的，就是你，当达到那个频率，你想要的就会出现。

鲍勃·道尔

所谓大小，对宇宙来说是毫无意义的。从科学的层面来说，吸引一个我们认为"很大"的事物，并不比吸引一个我们认为极微小的事物更难。

对宇宙来说，做每件事都是毫不费力的。小草不需要努力就可以生长，它毫不费力。大自然的造化就是这么伟大。

所有的一切，都取决于我们在大脑意识里放了什么东西，取决于我们在思想里放了什么东西。是我们自己认定说："这是大的，所以要花点时间，这是小的，只要1小时。"这是我们自己定义的规则，对宇宙来说并没有这些规则。只要你发出"我现在就拥有"的感觉，它就会响应你——不论它是什么。

对宇宙来说，没有时间、没有大小。显现100万元，与显现1元钱同样容易，过程都是一样的。然而一个会来得快些，另一个费时久些，唯一的理由是：你认为100万元是很多钱，而1元钱则不算什么。

鲍勃·道尔

有些人对小事物的感觉是比较轻松容易的，所以有时我们会说，先从小的事物开始，譬如一杯咖啡。就把吸引一杯咖啡，作为你今天的目标吧。

鲍勃·普克特

持续想着与一个久未谋面的老友聊天的画面。不知怎的，就会有人开始和你谈论到那个人。那个人也会打电话给你，或者你将收到她的来信。

从一些小事开始，这是让你亲身体验吸引力法则的简单方法，让我和你分享一位年轻人的真实经验。他看过《秘密》的影片，就决定从小事开始做起。

他在心中想象出一根羽毛的画面，并肯定这是一根独特的羽毛。他在羽毛上想象出一些特别的记号，好让他在看见这根羽毛的时候，可以毫无疑问地确定，这就是他刻意使用吸引力法则带来的东西。

两天之后，他正要走进纽约市街上一栋高大的建筑物时，他说他不知怎的就朝地上一看——就在纽约市这栋高大建筑物的门口——在他脚边，出现了那根羽毛！不是任何一般的羽毛，而是真正他所想象的羽毛，和他心中所想的一模一样，有着那些独特的记号。那一刻，他不带一丝怀疑，知道这就是吸引力法则的完美展现。他认识到自己吸引事物到身边来的惊人能力和力量——借由他自己的心灵力量。带着绝对的信心，他开始前进创造更大的事物。

戴维·希尔莫

投资咨询师、教师、理财专家

人们总是惊讶我总能在停车场找到合适的位置。我是自从我理解这个秘密后就这样做的。在我想要停车的地方，我会在脑中想象一个停车位，有95%的概率那儿真的会出现空位，我就直接把车子开进去。其他5%的时候，我只要等个一两分钟，就有人把车子开走，让我开进去。我一直都是这样做的。

现在你可能就会了解，为什么那些说"我总是有地方停车"的人，就是有车位可停，或者是那些说"我运气真的很好，老是能赢得东西"的人，总是接二连三地赢得东西。这些人期待它。开始期待伟大的事物吧，当你这么做时，你就预先创造了你的生活。

预先创造你的生活

从你整个生活到今天你要做的下一件事，都可以使用吸引力法则来预先创造。普兰特斯·马福德这位导师在他的著作中，分享了许多吸引力法则及其运用方法的洞见，说明了预先去思考你的生活是多么重要的事。

> "当你告诉自己'我将会有一趟愉快的访问和旅行'时，你其实是在你的身体到达之前，先发出了某种元素和力量，去安排一些事物，好让这次的访问或旅行变得愉快。如果你在访问、旅游，或者逛街之前的心情不好，或者在害怕、担忧着某些不愉快的事，你就是在事先发出无形的信息，制造某些不愉快的事。我们的思想，或者说，我们心的状态，永远都在预先安排好事或者坏事。"
>
> 普兰特斯·马福德

普兰特斯·马福德在19世纪70年代就写了这些话，真是先知先觉！现在你可以很清楚地明白，每天先去预想每件事是多么重要。

无疑，你一定有过不事先预想生活的经验，其影响之一就是，你会又急又赶。

如果你又急又赶，要知道这些思想和行为都是根源于恐惧（害怕会迟了），于是你就会事先"安排"坏事给自己。若你继续横冲直撞，你就会在路上吸引接二连三的倒霉事，此外，吸引力法则会"安排"更多使你又急又赶的未来状况给你。你必须停下来，并且让自己离开那个频率。如果你不想招来坏事，就花点时间转变自己吧。

许多人，尤其是在西方社会，追逐着"时间"，并且抱怨时间不够用。那么，依据吸引力法则，当某人说他时间不够用时，情况就一定会是如此。如果你用"时间不够"的想法一直都徒劳无功，那么就从现在开始，严正地宣告："我的时间绰绰有余"，并改变你的生命。

你也可以把等候的时间，转变成创造未来生活的"效力时间"。下次再等待的时候，把握住那个时间，想象你拥有你想要的一切。任何时间、任何地点，你都可以这样做。把生命的每个情境，都转变成正面的！

借由思想，让预先决定你生活中的每一件事成为你每天的习惯。依照你所想要的样子预先去想，让宇宙的力量先去处理你要做的事，先到你要去的地方。那么你就能依着目标，创造你的生命。

秘密摘要

- 吸引力法则和阿拉丁神灯的巨人一样,对我们有求必应。

- 创造的过程以三个简单步骤,帮助你创造出你想要的:要求、相信、接收。

- 向宇宙要求个机会,让你确定你想要什么。当你心中清楚要什么的时候,要求已经完成。

- 相信是指你的所行、所言、所思如同你已经接收到你所要求的事物。当你发出已经接收的频率,吸引力法则就会驱动人、事件和情境,让你来接收它。

- 接收是指去感觉你的渴望一旦实现时,你所会有的感受。现在就感觉美好,会把你放到想要事物的频率上。

- 要减肥,就不要把焦点放在"减肥"上,反之,把焦点放在你的完美体重上。去感受拥有完美体重时的感觉,你将召唤它的到来。

- 宇宙显现你所要的事物,是不花任何时间的。显现100万元,与显现1元钱同样容易。

- 从吸引小的事物开始，譬如一杯咖啡或停车位，是体验吸引力法则实际运作最简单的方式。以强烈的意念，吸引小的事物。当体验到自己拥有吸引的力量，你将前进创造更大的事物。

- 借由去想你所要的生活方式，来预先创造你的生活，你就能依自己的意识创造生命。

1/10,000

1/100,000

nucleus

P plasma

强效的方法

乔·维泰利博士
很多人觉得他们被当前的境况困住、限制或监禁。然而不论现在的境况如何，那都只是目前的"现实"。当你开始去运用这个秘密后，现在的境况就会开始转变。

目前的现实或生活，是你一直以来的思想所造成的。当改变你的思想和感觉，一切也将全然改观。

"每个对正面思想的力量很清楚的人，他们的结论都是：人可以改变自己……并主宰自己的命运。"

克里斯汀·拉尔森 (1866—1954)

莉莎·妮可丝

要改变你的境况，首先必须改变你的想法。每次你打开信件，预期会看到账单，结果呢——账单就真的在里头。每天出门就害怕收到账单！你从不期盼有什么好事发生。你都在想着债务、期盼债务，所以债务必须得出现，你才不会认为自己疯了。每天你的思想都是在确认：债务还在吗？是的，它还在。为什么？因为你期盼债务会在那儿，所以它就会出现了，因为吸引力法则总是听命于你的思想。帮自己一个忙——去期盼一张支票吧。

期盼是一股强大的吸引力，因为它能把事物拉向你。如同鲍勃·普克特说的："'渴望'把你与所渴望的事物联结起来，'期盼'则把它拉进你的生命里。"期盼你想要的事物，别期盼不想要的。你现在期盼的是什么呢？

詹姆斯·雷

大多数人看着自己的现况说："这就是现在的我啊！"那才不是现在的你，而是过去的你。例如说，你的银行户头存款不足，没有你所要的亲密关系，或者你的健康与体格不太好，等等。那不是"现在"的你，而是你过去所思所行遗留的结果。如果你要的话，就会继续活在过去的想法与行为的残余物中。当你看着自己眼前的状况，并且用这

个来定义自己,那么,你注定就是让自己的未来和现在没什么不同。

"我们现在的一切,都是过去思想的结果。"

佛陀(约公元前563—前483)

伟大的导师纳维尔·高达德(Neville Goddard)在1954年一场演讲中提到一个方法,对我的生活产生了很深的影响。纳维尔建议每天结束时,在你睡觉之前,去想想一整天所发生的事。如果有任何的时刻或事件不是你想要的样子,那就改用能使你满意的方式,在心中"回放"一次。当你完全依照你所要的样子,在心中重新创造这些事件,就等于消除了当天的频率,并为明天发出新的讯号和频率。你已经有意地为你的未来创造出新的生命画面。改变生命画面,是永远不嫌晚的。

强效的方法：感恩

乔·维泰利博士

现在，你要如何开始扭转人生呢？最首要的是，开始列出让你感恩的事。这会转变成你的能量，并开始改变你的想法。在这之前，你可能把焦点放在你欠缺的事物、抱怨和难题上。做了这个练习之后，你将走上不同的方向，你会开始对每个让你感觉美好的事物感恩。

"如果'感恩能让你的整个心灵，更接近于宇宙创造能量和谐一致的状态'，对你来说是个新的思想，那么请好好地思考一下，你会明白那是真的。"

华莱士·沃特尔斯（1860—1911）

玛尔西·席莫芙

感恩绝对是让你的生命更加丰富的方法。

强效的方法　75

约翰·格雷博士

心理学家、国际级演说家

每个男人都知道，当太太对他所做的小事表达感激时，他会做什么？他会想为太太做更多。一切都与感恩有关，感恩会把事物牵引进来，吸引支持的力量。

约翰·迪马提尼医师

只要我们想什么，我们感恩什么，就会带来什么。

詹姆斯·雷

对我来说，感恩一直都是非常有效的练习。每天早上起床我就说"谢谢您"，下床的时候也说"谢谢您"，当我刷牙、做着早上的事情时，也开始对一连串的事物表达感激。但我不仅仅是想一想，当作刻板的例行公事就算了，我会把它营造出来，去体验感恩的感觉。

我永远忘不了我们拍摄詹姆斯·雷分享他的"强效感恩练习"的那天。从那一天开始，我就把詹姆斯的方法运用在我的生活中。每天早上，除非我感受到了感恩的感觉——对这崭新的一天，以及对生命中我所感激的一切——否则我不会起床。然后当我下床，一只脚碰到地面的时候，我会说"谢谢"，换另一只脚碰到地面时，则说"您"。走到盥洗室的每一步，我会说"谢谢您"，在我淋浴和整装的时候,我持续地说着并去感觉"谢谢您"。当我准备好迎接这一天时,我已经说"谢谢您"上百次了。

当我这么做,我就是在强有力地创造我的一天和当中的事物。我是在设定这一天的频率,并且有意地宣告这一天我所要过的方式,而不是跟跄地离开床,让这一天掌控我。开始一天的生活,没有比这更有力量的方法了。你是自己生命的创造者,所以,开始有意识地创造你的生活吧!

历史上所有伟大人物的基本教诲之一,就是"感恩"。华莱士·沃特尔斯在1910年写下那本改变我一生的书——《失落的致富经典》(*The Science of Getting Rich*),该书最长的篇章,就是《感恩》那一章。所有在《秘密》里头担任主角的导师,也全都把"感恩"当作他们生活的一部分,他们大多数都是以"感恩"的思想和感觉,作为一天的开始的。

一位很杰出、成功的企业家乔·史格曼,在看过《秘密》影片之后与我联系。他告诉我,"感恩的方法"是影片中他最喜欢的部分,而且他一生的功成名就,都归功于运用感恩的方法。随着他所吸引来的成功,他每天持续运用感恩的方法,即使最小的事物也不例外。当他有车位可停,他总是会说出并且去感觉"谢谢您"。他知道感恩的力量与其所带来的一切,于是感恩就成了他的生活方式。

所有我读过的,以及所有我在生命中运用这个秘密的经验,感恩的力量都胜过其他的一切。如果在这秘密的知识当中，你只想做一件事，那么就去"感恩"吧，直到它成为你的生活方式为止。

乔·维泰利博士

一旦你对自己已经拥有的事物有了不一样的感觉，你就会开始吸引更多美好、让你可以感恩的事物。你也许会看看周围，然后说："我没有我要的汽车，没有我要的房子，没有我要的配偶，没有我要的健康。"哦！停下来，停下来！这些全都是你不想要的。把心思集中在你已拥有而且让你感到感激的事物上。你感恩的或许是拥有阅读这些文字的眼睛，或者是你的衣服。是的，你或许更喜欢其他的东西，但如果你开始对现在拥有的一切感到感激，你也会很快得到其他东西。

"许多人以各种方式将自己的生活安排得很好，却仍活在贫穷之中，只因他们缺少了感恩。"

华莱士·沃特尔斯

如果无法感激目前所拥有的事物，你就不可能为你的生命带来更多。原因何在？因为你没有感激之情时，所发出的思想和感觉都是负面的。这些感觉都无法把你想要的带给你，不论它们是嫉妒、愤恨、不满或是"不够"的感觉，它们都只会把你不想要的送回来给你。这些负面情绪阻断了属于你的好事的降临。如果你想要一部新车,却对现有的车子没有感激之情,那么"缺乏感恩"将成为你发出的主要频率。

感激你现在所拥有的。当你开始想着生命中值得感恩的一切,你将会感到惊讶,能让你感恩的事竟然多到数不完。你必须先起个头,吸引力法则会接收到这些感恩的思想,并带给你更多类似的事物。你将会被锁定在感恩的频率上,一切美好的事物都将属于你。

"每日的感恩练习,是财富降临在你身上的途径之一。"

华莱士·沃特尔斯

李·布劳尔

理财专家、作家、教师

我想,每个人都会有不如意的时候,那时他们会说:"唉,事情发展不顺!"或"事情真是糟透了!"有一次,我家里发生了些事,我拾起一颗石子,坐下来,把它放进口袋里,然后对自己说:"今后每次触摸到这颗石子,我就要去想值得感恩的事。"现在每天早上起床,我都把这颗石子从衣柜里拿出来,放进口袋里,

然后把所有值得我感恩的事情想一遍。到了晚上，我再把它从口袋里拿出来。

关于这个想法，我有过一些很神奇的体验。有位南非的朋友看见我的口袋里掉出一颗石子，他问："那是什么？"我解释给他听，于是他就开始称呼它为"感恩石"。两周后，我收到他从南非寄来的一封电子邮件，他说："我的儿子患了罕见疾病，是肝炎的一种，生命垂危。您可以寄给我3颗感恩石吗？"这些石子只是我从街道上捡来的普通石子，所以我说："当然可以啊！"但是我得确定给他的石子一定要非常特别才行，于是我跑到河边，仔细挑选，然后寄给他。

四五个月后，我收到了他的电子邮件。他说："我的儿子好多了，他现在非常健康。"而且他说："有件事我得告诉你，我们以每颗10美元的价格，卖出了上千颗感恩石，如数捐给了慈善机构。非常感谢你。"

所以，保持"感恩的态度"是非常重要的。

伟大的科学家爱因斯坦彻底改变了我们看待时间、空间和重力的方式。若从他贫困的出身背景来看，你会认为他不可能实现这些成就。爱因斯坦对这秘密了解得很多，他每天都要说"谢谢您"上百次。他感谢所有以前的科学家，因为借助他们的贡献，才能使他在研究上不断学习并且取得更多成就,最后成为世上最伟大的科学家之一。

感恩最有效的运用方法之一就是与创造的过程配合,使你所要的加速实现。如同鲍勃·普克特在创造过程的第一步"要求"中所说,从写下你想要的作为开始。每个句子都这样开头:"我现在是多么快乐和感激,所以……(其他部分自己填)"

当你表达感谢,有如你已经得到你想要的事物一般,你就是在向宇宙发出强有力的讯号。那讯号说,你已经拥有了它,因为你现在就感觉到对它的感激。每天早上起床前,养成一个习惯,预先去感受对眼前伟大的一天的感恩之情,有如它已经是值得你感激的一天。

自从我发现这个秘密,并且构筑出与世界分享这个知识的愿景,每天我都对这部能带给世界快乐的《秘密》表达感谢。当时我完全不知道,要如何才能把这知识变成影片画面,但我相信我们会吸引出一条道路来。我持续集中焦点并坚守那个结果,我事先就感受到深深的感恩之情。当它成为我的存在状态时,闸门就打开了,所有不可思议的事情都涌入我们的生命。对《秘密》影片了不起的工作团队和我来说,我们深刻而由衷的感恩之情一直持续到今天并将持续下去。我们成了一个时时刻刻都能发出感恩共鸣的团队,那也成了我们的生活方式。

强效的方法：视觉化

"视觉化"是几个世纪以来所有伟大的导师和人物，以及现世所有伟大导师一直在教导的方法。查尔斯·哈尼尔在1912年所写的《万能钥匙系统》（*The Master Key System*）一书中，提出了24周的视觉化练习法（更重要的是，他整个的"万能钥匙系统"也将帮助你成为自己思想的主人）。

"视觉化"之所以会这么有效力，是因为你在心中创造一个看见"已经拥有想要的事物"的画面，于是你就会产生"现在就已经拥有它"的思想和感觉。"视觉化"就是强力专注在画面上的思想，它会引发同样强烈的感受。视觉化时，你就是在向宇宙发出强大的频率。吸引力法则会捕捉这个有力的讯号，把与你心中所想的一模一样的画面传送回来给你。

丹尼斯·维特利博士

我从"阿波罗太空计划"中撷取这个视觉化方法，并在20世纪80、90年代期间，把它运用在"奥林匹克计划"中，这方法被称为"驾车视觉化练习"。

当你视觉化时，你就在将它实体化。有一件关于人的心智很有趣的事：我们在奥运选手身上装上精密的生理回馈装

置,然后要他们只在心里进行比赛,不可思议的是,同样的肌肉以同样的顺序被刺激,和他们真正在田径场上赛跑的状况一模一样。怎么会如此呢?原来人的心并不会去区分你是真的在做,或者只是在练习。你在心中达成什么,身体也同样能达到。

想想那些发明家和他们发明的东西:莱特兄弟和飞机、伊斯曼和电影、爱迪生和灯泡、贝尔和电话。任何被发明或创造出来的东西,都是先源于发明者在心中见到一个景象,这是唯一的方法。他清楚地看见它,然后借由他在内心持续保有那个"成品"的画面,宇宙的力量就通过他,把这成品带来这个世界。

这些人都知道这个秘密,他们对无形的事物具有完全的信心,他们明白自己具有撑起宇宙的力量,能把所要发明的事物化为有形。他们的信心与想象,成为人类进化的起因,而我们每天都在享用他们极富创意的心智所带来的好处。

你或许会想:"我可没有这些伟大发明家的头脑""他们可以想象出这些东西,但我不行"。没有比这更大的假象了。当你继续探索这个秘密的知识,你会知道,你不只和他们拥有了一样的头脑,甚至还比他们更优秀。

迈克·杜利

当你在视觉化、在心中营造景象时,永远而且只要思考"最终的结果"就好。

例如,现在看看你双手的手背,要真的去看。看你皮肤的颜色、斑点、血管、戒指,还有指甲,记下所有的细节。在闭上眼之前,要看到你的手和指头就握在你的新车的方向盘上。

乔·维泰利博士

此时,这全像式的体验是如此的真实,甚至你连真的车子也不需要,因为你感觉自己已经拥有了它。

视觉化时你想达到的地步,在维泰利博士的话中已做了最好的总结。当你感觉到行驶中的颠簸,跟你睁开眼时在现实中所感受到的一样,你的视觉化就变成真实的。那个状态和层面是真实的。一切事物都是从这个"场域"创造出来的,"物质界"只是创造一切万物的"真实场域"的结果。这就是你会觉得不再需要它的理由,因为借由视觉化,你已经调整、感受到创造的真实场域。在那个场域里,你现在就拥有一切。当你感受到,你就会了解。

杰克·坎菲尔德

其实是"感觉"在创造吸引的力量,而不是心中的景象或思想而已。很多人以为:"如果我是在正面思考、视觉化拥有想要的东西,应该就够了。"然而,如果你已经那样做,但仍然没有感受到丰足、爱或喜悦,那就无法产生吸引的力量。

鲍勃·道尔

你要感觉到,自己是真的已经在那车子上,而不是"希望我能得到那辆车"或者"有一天我会拥有那辆车"。因为相关的感觉,很明确的不是在现在,而是在未来。如果你停留在那种感觉里,你想要的就永远只会待在未来。

迈克·伯纳德·贝奎斯

现在,那种感觉、那种内在的"看见",将开始成为一道敞开的门。借此,宇宙的力量将开始展现。

"我说不出这股力量是什么,我只知道它存在。"

贝尔(1847—1922)

杰克·坎菲尔德

我们的任务,并不是去想"如何"实现。那个"如何",会从你所承诺和相信的地方出现。

迈克·杜利

"如何"的部分是宇宙的事。它总是知道你和你的梦想之间，最短、最快、最神速，以及最和谐的道路。

乔·维泰利博士

当你把这部分交给宇宙，你会对宇宙带给你的事物感到既惊讶又疑惑。神奇和不可思议的地方，就在这里。

《秘密》中的导师们，对你视觉化时所带入的每项元素，都是一清二楚的。当你在心中看见景象，并且去感觉它时，你就把自己带向"相信已经拥有它"的境地，同时你也在实践对宇宙的信任与信心，因为你把焦点放在最终的结果上，并且去体会那种感觉，没有把丝毫的注意力放在"如何"到来的问题上。你心中的景象及感觉，都是看到它已经完成的样子，你的心和你整个存在的状态，都是看见它已经发生的样子。这就是视觉化的艺术。

乔·维泰利博士

你差不多每天都要这样练习，但它不该变成吃力又讨厌的工作。整个秘密中真正重要的，就是要感觉愉快。整个过程中，你都要感觉很振奋，你必须尽可能地感觉兴奋、快乐、调和。

每个人都拥有视觉化的力量。让我用厨房的景象来向你证明。为了产生效果,首先你必须把一切有关你家厨房的想法全部清除掉,不要去想你家的厨房,把你家厨房的景象完全从心中清除,包括橱柜、冰箱、烤箱、瓷砖和颜色的配置……

你刚刚在心中看到你家厨房的景象了,对吧?那么,你刚刚就是在视觉化了!

> "每个人都在视觉化,不论他自己晓不晓得。视觉化,是成功的大秘密。"
>
> 吉纳维夫·白汉德(1881—1960)

约翰·迪马提尼医师曾在他的"突破经验研讨会"中,分享一个视觉化的诀窍。他说,如果你心中想出来的景象是静止的画面,那么要保持它就会很困难,因此,为你的景象多创造一些动态的动作。

为了示范,请再想象一下你家的厨房。这一次,想象你自己走进厨房,走到冰箱那儿,手放在冰箱的把手上。打开它,往里看,找一瓶冰水。手伸进去拿,当你握住那瓶水,你会感到手心的冰凉。你一只手拿着那瓶水,另一只手把冰箱的门关上。现在你就是在运用细节与动作,视觉化着你家的厨房。这样更容易去看见和保持那个画面,不是吗?

> "我们本身都拥有比自己所了解的更多的力量和更大的可能性。视觉化,正是其中最伟大的力量之一。"
>
> 吉纳维夫·白汉德

强效方法的实际运用

玛尔西·席莫芙
真正过着这种神奇生活的人,与不是如此生活的人,差别只在:真正过着神奇生活的人已经习惯这种存在的方式,他们已经习惯运用吸引力法则,不论走到哪儿,奇迹都会发生在他们身上,因为他们记得要使用它。他们一直在使用它,而不是只做一次就算了。

这里有两个真实的故事,把强有力的吸引力法则及宇宙完美无瑕的架构,做了清楚的展示。

首先,是一位名叫珍妮的女子的故事。她买了一张《秘密》的DVD,并且每天至少看一次,好让她的身体细胞都吸收到那个讯息。她对鲍勃·普克特的印象特别深刻,于是她想,如果能够见到他本人一定很棒。

有一天早上,珍妮去收她的信,让她惊讶的是,邮差无意中把鲍勃·普克特的信送到了她家。珍妮之前并不知道鲍勃住的地方竟只离她家四条街之远！不仅如此，珍妮家的门牌号码，还和鲍勃的一模一样，她马上把那封信送往正确的地址。当门一打开，鲍勃·普克特就站在她面前，你能想象她当时有多高兴吗？鲍勃常常在全世界巡回讲学，非常难得会在家里，但宇宙的架构就是知道完美的时机。从珍妮"如果能见到鲍勃·普克特的话，那该有多好"的想法，吸引力法则就驱动了整个宇宙的人、事件和情境，于是事情就这样发生了。

第二个故事则和一位名叫柯林的10岁男孩有关，他看过《秘密》，很喜欢。柯林的家人安排要去迪斯尼乐园玩一个礼拜，但在第一天他们就碰上了大排长龙的情况。于是，当天晚上就在柯林要入睡之前，他想："明天我要去乘坐所有好玩的设施，而且不用再排队等待。"

第二天早上，柯林一家人在"明日世界"的入口处等候，当园区开放时，一名迪斯尼工作人员走了过来，问他们是否愿意成为"明日世界"的"今日第一家庭"。成为"第一家庭"，他们会被赋予贵宾的身份——园方会特派一名工作人员陪同，"明日世界"的所有设施都能优先搭乘。这实现了柯林所许的愿望，而且还多出很多！

那天早上，有上百个家庭等着进"明日世界"，柯林对于他家会被选为第一家庭的原因，丝毫没有怀疑——他知道，那是因为他在使用这个秘密。

想象一下，发现——在10岁的年纪——在你心中，竟然潜藏着转变世界的力量！

> "没有什么可以阻挡你把所想的景象具体实现，除了创造它的同一个力量——你自己。"
>
> 吉纳维夫·白汉德

詹姆斯·雷

人们相信了一阵子，而且还成为拥护者。他们说："它引发了我的热情。看完这个课程，我也想改变我的人生了。"但是结果仍未出现。就在表面下，这结果正准备要破土而出之际，然而有人看到表面好像毫无动静，于是他就说："这方法无效啦。"知道吗？这时宇宙就会说："您的愿望，就是我的命令。"接着它就消失了。

当你让怀疑的思想进入心中，相应地，吸引力法则将会安排一连串的怀疑过来。怀疑的思想到来的时候，要马上释放它，把那个思想送走。用"我知道我正在接收"取代怀疑的思想，并且要去感受它。

约翰·亚萨拉夫

知道了吸引力法则后，我就想要付诸实行，看着会发生什么事。我在1995年开始做"愿景板"，凡是我想达成

或吸引的东西——比如车子、手表或梦中情人——我就把照片贴在愿景板上。每天，我会坐在办公室里看着它开始视觉化，并且真正进入已经获得它的感觉状态中。

那时我正准备要搬家。我们把所有的家具和箱子放进储藏室，而且五年内总共搬了三次。最后在加州定居下来，买了这栋房子，重新整修了一年，然后把五年前那房子里的东西全搬过来。一天早上，我的儿子奇南进到我的办公室，一只尘封五年的箱子就放在门口那儿。他问："爸爸，这里面装的是什么呢？"我说："那是放置我所有目标的地方，我把它们剪下来，把这些目标放上去，让它们成为生命中我想要达成的目标。"当然，对一个五岁半的小孩来说，他是不会理解的。所以我说："亲爱的，让我拿出来给你看，这样最简单。"

我把箱子打开，有一个愿景板，上头有张五年前我所视觉化的房子照片。让人震惊的是，我们现在所住的房子正是那一栋，而不是相类似的房子——我真的买下了梦想中的房子，还重新整修了一番，而我竟然都没发觉。我看着那房子，开始哭了起来，因为实在太激动了。奇南问："你为什么要哭呢？"我说："我终于了解吸引力法则是如何运作的了，我

终于了解视觉化的力量，我终于了解我一生所读的书、做的事采用的方法、创建公司的方式，用在我们家里也会同样有效。我竟然都没发觉我买下了我们梦想中的家。"

"想象力就是一切，它是生命将发生之事的预览。"

爱因斯坦（1879—1955）

你可以利用一个愿景板让自己尽情想象，把想要的东西、想要的生活样貌等图片放在上面。确定要和约翰·亚萨拉夫一样，把它放在你每天都看得到的地方，去感受"现在就拥有它"的感觉。当你接收了，并且对它感到感激，你就可以把图片拿下，换上新的。这是向孩童介绍吸引力法则一种很棒的方式。我希望愿景板的产生，能启发全世界的家长和教师。

在《秘密》的网络论坛中，有一个人把《秘密》DVD的照片放在他的愿景板上。他看过《秘密》的影片，但自己没有《秘密》的DVD。在他做了自己的愿景板两天之后，我突然有个灵感，在《秘密》论坛发表了一则公告：论坛前10名的发表者，可以免费获得一张DVD。他正是那10位幸运者之一！在他把照片放在愿景板上的第二天，就得到了《秘密》DVD。不论那是一张《秘密》DVD还是一栋房子，"创造"和"接收"的喜悦都一样巨大！

视觉化另一个有力的例子,是我母亲买新房子的经验。除了我母亲,还有许多人也想出价买下这栋特别的房子,于是我母亲决定运用这个秘密,让这房子能顺利属于她。她坐下来,把她的名字和新房子的地址写了一遍又一遍,一直到她感觉仿佛这就是她自己的住址。然后她想象,她所有的家具都搬进了这栋新房子里。数个钟头后,她接到电话,对方接受了她出的价。她兴奋得很,但对她来说还不至于感到意外,因为她早知道那房子是她的了,真是个高手!

杰克·坎菲尔德

决定你想要什么,相信你可以得到它,相信你值得拥有它,相信它是可能的。然后每天闭上眼睛几分钟,去视觉化你已经拥有你想要的事物,并去感受"已经拥有它"的感觉。此外,将焦点放在你现在所感激的一切,并且真的乐在其中。然后去过你的日子,将它释放到宇宙中,并相信宇宙会找出让它出现的方法。

秘密摘要

- 期盼是一股强大的吸引力。去期盼你想要的事物，别期盼不想要的。

- 感恩是转变你的能量，并为你的生命带来更多你想要的东西的有力方法。对目前已经拥有的一切感恩，你将会吸引更多美好的事物。

- 预先对你想要的事物表达感谢，能加速愿望的达成，并对宇宙发出更强大的讯号。

- 视觉化法就是在你心中创造出"你在享受你所想要的事物"那幕景象的方法。视觉化时，你就产生"现在就拥有它"的有力思想和感觉。吸引力法则就会把那个实相传回来给你，跟你心中所见的一模一样。

- 好好地利用吸引力法则，让它成为一种习惯的生活方式，而不是做一次就算了。

- 每天结束时，在你睡觉之前，去想想一整天所发生的事。如果有任何的时刻或事件不是你想要的样子，那就改用能使你满意的方式在心中"回放"一次。

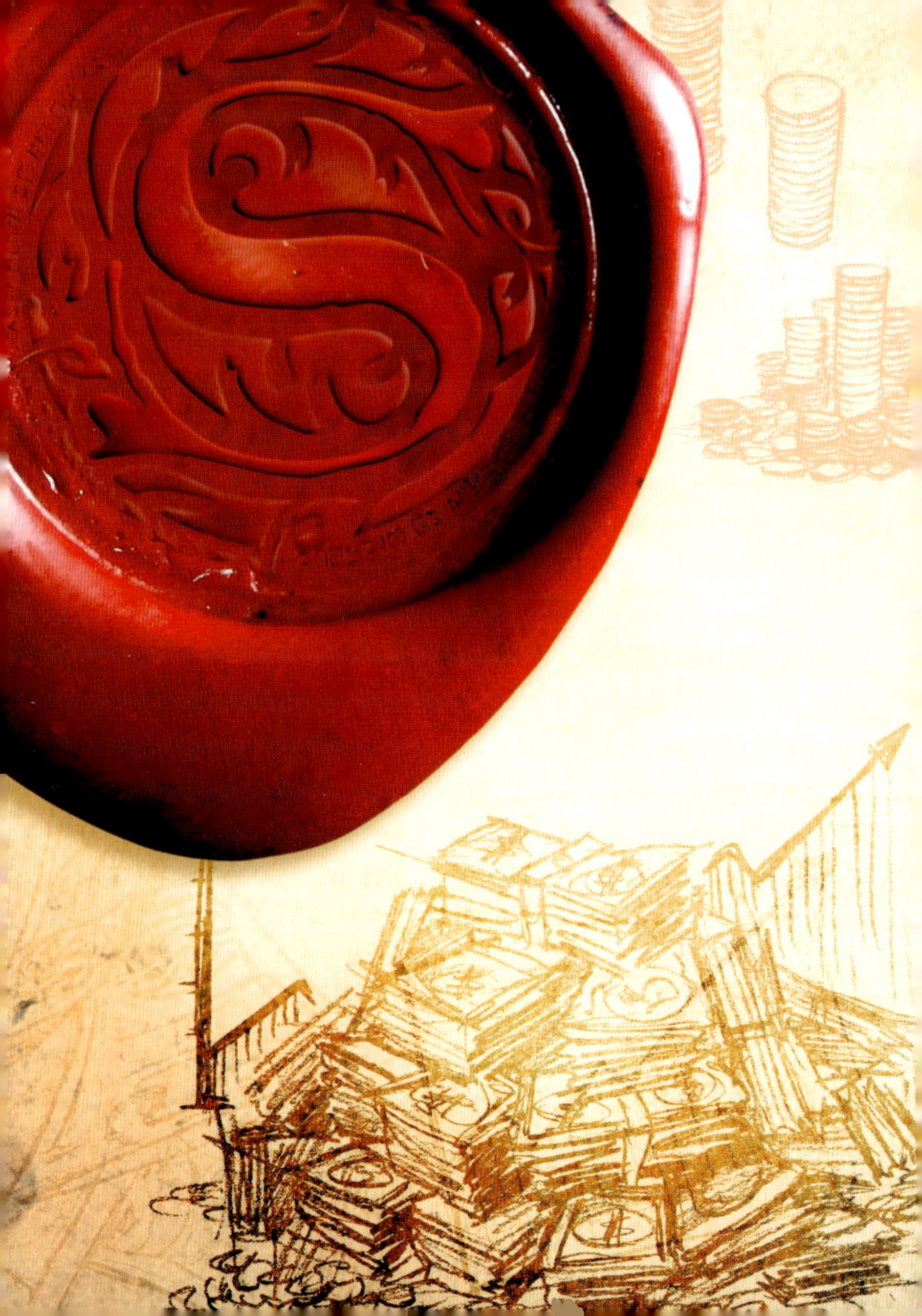

金钱的秘密

"人的心……能想到的一切,就能做得到。"

克莱门·斯通(1902—2002)

杰克·坎费尔德

这秘密真的改变了我。我被一个思想很负面的父亲带大,他认为有钱人都是靠剥削他人而致富的,要变有钱就得欺骗他人。我在这样一堆有关钱的错误信念中长大——你有钱,你就会变坏,只有坏人才会有钱,钱可不是白白长在树上的。"你以为我是谁,洛克菲勒吗?"这是他最爱讲的一句话。我是在深信"生活是艰苦的"环境中长大,直到遇见克莱门·斯通,我的生命才真正开始转变。

当我和斯通一起工作时，他说："我要你设一个目标，这目标必须大到一旦让你达成，你会高兴得飞上天。然后你会知道，是由于我教你的事，才让你达成目标的。"那时，我的年收入大约8000美元，于是我说："我想在一年内赚10万美元。"但是，我完全不知道要如何达到目标。我看不出有什么策略，有什么可能性。但我只对自己说："我要这样声明、我要这样自信、我要这么做，就好像它是真的一样。然后把它放下。"于是我就那么做了。

其中他教我的一件事是：每天闭上眼睛，视觉化我的目标已经达成了。我真的把一张改成10万美元的纸钞贴在天花板上。所以每天早上醒来，我第一眼看到的就是它，它会提醒我，那就是我的目标。然后我会闭上眼睛，视觉化当我拥有这10万美元时会过的生活方式。奇怪的是，大约30天过去了，还是没有任何大的进展，我没有任何突破性的想法，也没有人给我更多的钱。

大约就这样做了四个星期，我突然有了能赚10万美元的灵感，就像天外飞来的一笔。那时我已经写了一本书，于是我想："如果我一季能卖出40万本书，那么就会有10万美元的收入。"书已经写好在那儿，但之前我还没有这种想法（秘密之一是：当有灵感出现时，你一定得相信它，并付诸行动），我不知道要如何才能卖出40万本书。然后我在超级市场看到《国家询问报》，以前看过该报无数次，只是从来没去注意过，但这次我突然注意到那份报纸。于是我想："如果让该报读者都知道我的书，肯定会有40万人跑去买。"

大约六周之后，我在纽约亨特学院为600名教师演讲，演讲结束后，一位女士走过来对我说："演讲很棒，我想采访你，这是我的名片。"原来，她是为《国家询问报》写报道的自由作家。此时《阴阳魔界》的主题曲开始在我脑海中响起……哇，这招还真管用。她的报道刊登了出来，书的销售量开始起飞。

我要讲的重点是：是我吸引这些事情——包括那位女士——进入我的生命。总归一句话，那年我并没有赚到10万美元，而是赚了92327美元。你以为我们会很沮丧地说"这招没效"吗？不，我们说："这真是太神奇了！"于是我老婆跟我说："既然这招对10万美元有效，那么你觉得对100万美元会不会有效呢？"我说："不知道，不过我想是吧。那我们就试试看吧。"

我的出版商给了我《心灵鸡汤》第一集的版税支票，还在签名处画了一个笑脸，因为那是他开出的第一张百万美元支票。

所以我是从自己的经验中得知这个秘密的。因为我曾经想要去测试这个秘密是否真的有效。我们测试过,事实证明绝对有效。现在,我就是这样过着每一天。

掌握秘密的知识且有意地使用吸引力法则,可以运用于生活中的每个层面。你想要的一切,创造的方法都是一样的,金钱当然也不例外。

要吸引金钱,你必须专注在富裕上。如果你一直注意着自己的不足,就不可能为你的生命带来更多金钱,因为这意味着你抱着"有所不足"的思想,专注在"钱不够"上,你就会遭遇更多数不清让你"钱不够"的境况。要把金钱带来,你就必须专注在金钱的充裕上。

你必须用思想发出一个新的讯号,而这些思想必须是想着你现在就是"充足有余"的。你确实需要开始运用你的想象力,装作你已经拥有你想要的金钱了。这是很好玩的!你会发觉,当你假装扮演拥有财富的戏码,你对金钱的感觉马上会好很多,当你这么感觉时,财富也将开始流入你的人生。

杰克的故事启发了《秘密》团队,团队决定在《秘密》网站上提供空白支票,让人免费下载(网址:www.thesecret.tv)。这张支票是给你的,来自宇宙银行,填上你的名字、金额及其他细节,然后把它放在显眼的地方,让你每天都看到。看到那张支票时,就去感受当下拥有那笔钱的感觉，想象你去花那笔钱，去买想要的东西，去做想做的事。去感觉那是多棒的事呀！要知道它就是你的。因为当你要时，它就是你的了。我们已经收到数以百计的故事，诉说使用《秘密》的支票为他们带来了巨额的财富。这会是个很有效的趣味游戏！

吸引丰足

任何人会没有足够金钱的唯一原因是，他们的思想阻碍金钱朝他们而来。一切负面的思想、感觉或情绪，都是在阻碍好事的到来——包括金钱。并不是宇宙要让你和金钱无缘，因为你所需要的金钱，此刻就存在于无形之中。如果你现在有所不足，那是因为你用自己的思想，阻挡了"金钱之流"流向你。你必须在思想的天平上，从"缺钱"的那一端，倾向"财富有余"的那端。多抱着"丰足"而非"欠缺"的思想，你就加重了"财富有余"的砝码。

当你需要钱时，那是你内心很强烈的一种感觉，所以基于吸引力法则，你必然会继续吸引"需要钱"这件事。

有关金钱，我可以借由自己的经验讲几句话。因为就在我发现这个秘密之前，我的会计师告诉我，那年我的公司遭逢巨大的损失，3个月内公司就会倒闭。辛苦奋斗10年，公司就要在我的手中结束了。由于我需要更多资金来挽回公司，事情就变得越来越糟糕，几乎没有任何出路了。

然后我发现了这个秘密,我生活中的一切全都改变了,包括公司的运营状况,因为我改变了我的想法。当我的会计师还在烦恼、专注于那些亏损数字时,我却把心思持续专注在"富足"和"一切顺利"上。我的每一根神经都知道宇宙将会给我这些,而果真如此,它给予的方式是我从没想到的。我也有过迟疑的时刻,但是当怀疑出现的时候,我立刻把思想转移到我想要的结果上。我对这些表示感谢,感觉那种喜悦,然后相信!

我要透露给你这个秘密中不为人知的秘密。要达成你生命中想要的一切,其捷径就是——当下就"是"快乐的,并且"感觉"快乐!这是把金钱和其他你想要的事物带进你生命中最快的方式。专注于把快乐和喜悦的感觉散发到宇宙中。当你这么做时,会把所有能够带给你快乐和喜悦的事物全部吸引过来——不仅仅是金钱的富足,还包括你所想要的一切。你必须发出讯号来带回你想要的事物。在你发出幸福感的时候,幸福会以生命中所能想象到的美好画面和经验,将幸福送回给你。吸引力法则会把你最深层的思想和感觉反映回来,成为你的生命。

专注成功致富

乔·维泰利博士

我可以想象,不知有多少人正在想:"我该如何在生命中吸引更多财富?如何才能得到更多钞票?如何获得更多财富和成功?虽然热爱目前的工作,但我又该如何处理自己信用卡上的债务?收入来自于工作,但薪水总是有限的,那么我又该如何赚进更多的钱?"就去想要它吧!

这又回到在这整个秘密中我们说过的:你的任务就是在宇宙的目录中指出你想要的。如果金钱是你的选择之一,那就说出你要多少吧。譬如,"我要在30天内得到25 000美元的'横财'",或是其他的选择——但必须是你自己也能相信的。

如果你保持着过去的想法,认为金钱的唯一来源只有工作,那么立刻丢掉这种想法吧。难道你要继续这么想,让它成为你生命中必然的结果?这种想法对你根本没有好处。

你现在终于了解,富足正在那儿等着你。你的任务不是去想出金钱要"如何"到来,而是去要求,去相信你已经在接收财富,以及当下就去感觉幸福快乐，至于其细节，就交给宇宙去处理吧。

鲍勃·普克特

大多数人都想解决债务问题，但那只会让债务永远跟着你。你会吸引你所想要的一切。你会说："我是说，我想走出债务呀！"我才不管你是走出还是走入，只要你还是想到债务，你就会继续吸引债务。设定一个自动还债的计划，然后开始将注意力放在成功致富上吧。

当你有一堆不知道要如何清偿的账单时，不要把关注的焦点放在这上头，因为这样会继续吸引来更多的账单。你必须找出能让你专注在成功致富上的有效方法，纵使身边有这么多的账单。你必须找出能让你感觉美好的方法，如此一来，你才能将美好的事物带给你自己。

詹姆斯·雷

许多次人们跟我说："我想在来年获得双倍的收入。"但看看他们的所作所为，全部不是在使它实现。他们仍然会说："我付不起。"于是会怎样呢？"您的愿望，就是我的命令。"

如果"我付不起"这句话已从你的口中说出，改变它的力量就在当下。请把这句话改成："我付得起！我可以买下它！"要不断地这样说，就像鹦鹉一样。接下来30天的目标是，有意去看你喜欢的东西，对自己说："我付得起。我可以买下它。"看见梦想中的车子从眼前驶过，就说："我付得起。"看见喜爱的衣服、想象美好的假期时，就说："我付得起。"当你这么做时，你自己就会开始转变，对金钱的感觉会变得更好。你会开始说服自己，相信自己是付得起的。如此一来，你的生命画面就会跟着改变。

莉莎·妮可丝

如果专注在欠缺、匮乏，以及你所没有的事物上，然后跟家人一起烦恼、和友人倾诉、告诉孩子"我们没那么多钱买，我们付不起"，那么你将永远付不起，因为你开始吸引更多不能拥有的东西。如果你想要富足、想要成功，那么就专注于富足和成功吧。

"精神实体——有形财富的源头——是无穷无尽的，会一直与你同在，回应着你对它的信心，以及你对它的需求。"

查尔斯·费尔摩（1854—1948）

既然知道这个秘密，以后看见富有的人，你就知道那个人的"主要思想"是放在"富裕"上，而不是"匮乏"上，因此才把财富牵引到他们身上来——不论他们是不是有意识地这样做。他们专注在要成功获得富裕的思想上，于是宇宙就调动了人、事和情境，把财富送来给他们。

他们拥有的财富，你也会有。差别只在于，他们想着能够带给他们财富的思想。你的财富正在无形中等着你，若要把它化为有形，就想着富裕吧！

戴维·希尔莫

在刚了解这个秘密的时候，我信箱中每天都有一大堆的账单。我总在想："要如何改变这个状况呢？"吸引力法则说，"专注什么，就得到什么"，于是我弄来一张银行的结算单，涂掉余额，换成我想看到的数字。我想着："我何不就视觉化一堆支票进到我的信箱？"所以我就视觉化一堆支票进到我的信箱里。才一个月，事情就开始转变，太神奇了。虽然现在还是会收到一些账单，但我收到的支票比账单多。

自从《秘密》影片发行后，我们收到数以千计的信件，谈到这些人在看过影片后，信箱就收到意料之外的支票，这事之所以会发生，是因为当他们把焦点和注意力放在戴维的故事上，就替自己带来了支票。

我发明了一个招数,可以帮助我转变对那一堆账单的感觉,就是把"账单"想成是一堆"支票"。当我打开这些"支票",我会高兴得跳起来说:"又是给我的钱!谢谢您,谢谢您。"我把每一张账单都想象成支票,然后还在心中把金额加上一个零。我有一本记事本,在每页的上方写着"我已收到",然后列出账单的所有总额,并在后头加个零。在每个总额旁边,我会写上"谢谢您",并且去感觉接收到"支票"的感激之情,直至我的眼泪夺眶而出。然后,我会拿每一张账单——比起"我已收到"的金额显得小很多——带着感恩的心去支付它!

除非我让自己进入"账单是支票"的感觉里,否则我绝不打开那些账单。如果在还没能说服自己账单是支票以前就打开,我的胃就会开始翻腾。我知道这种翻腾的感觉,正在强力地为我带来更多的账单。胃部的翻腾让我知道自己该去驱除那种感觉,并用喜悦的感觉来取代它,好让我把更多金钱带进生命里。纵使有一堆的账单也不怕,因为这个招数很有效,而且改变了我的生命。你可以发明的招数有很多,通过内心的感觉,你会知道什么对你最有效。当你"假装"后,成果很快就会到来!

罗洛·朗梅尔
财务策略师、演说家、个人及企业教练

我在"你得辛苦赚钱"的观念中长大,所以我用"钱来得容易而且频繁"的想法来取代它。起先,这感觉很像谎言,对吧?你脑中会有个想法说:"你胡说,赚钱辛苦得很。"所以你必须明白,会有一段像网球赛一样的拉锯时期。

如果你已经有"我非得辛苦地工作、奋斗才会有钱"的想法,立刻丢弃吧。以这种想法思考,你就会发出那个频率,变成你生命经验的画面。采用罗洛·朗梅尔的建议,将那些想法改成"钱来得容易而且频繁"。

戴维·希尔莫
谈到创造富裕,富裕其实是一种心态,完全看你怎么想。

罗洛·朗梅尔
在我对人们所做的训练中,可以说80%左右都与他们的心理和思维方式有关。我知道有人会说:"你可以做得到,但我不行。"可是每个人都有能力改变自己内心与钱的关系和对话。

"好消息是，当你决定：自己'知道'的，比被教导去'相信'的更为重要时，你对富裕的追求就会更加有力。成功来自于内在，而非外在。"

爱默生（1803—1882）

你必须对金钱感觉美好，才能为自己吸引更多的钱。可以理解，当你缺钱时，对钱就不会有好的感觉，因为钱不够用。然而，对金钱的这种负面感觉，会阻止更多的金钱流向你！你必须停止这个循环。你要开始对钱产生好感，以及感激你现在所拥有的，开始说并且去感觉"我拥有的绰绰有余""有一大笔的金钱在那儿，并且正朝我而来""我是吸钱的磁铁""我爱钱""钱也爱我""我每天都会收到钱""感谢您，感谢您，感谢您"。

舍财得财

"给予"是把更多金钱带进你生命里的强效方法，因为在给予的时候，你等于是在说："我有很多。"所以，当你知道这世界上最有钱的人都是最伟大的慈善家时，你不会感到惊讶。他们捐出数额庞大的钱财,当他们给予时,依据吸引力法则,宇宙会开始行动,让乘以数倍的巨额财富回头涌向他们。

如果你这么想:"我没有那么多钱可以给呀。"答对了!现在你终于知道为什么你的钱会不够了吧!如果你认为自己没钱可以给予,那么就开始给予吧。当你展现给予的信心时,吸引力法则一定会给你更多,好让你去给予。

"给予"和"牺牲"两者有很大的差别。因溢满爱的心而给予,感觉会非常美好,牺牲则不会有美好的感觉。不要将二者搞混,它们有天壤之别。一个是充足有余,另一个则发出的是匮乏的讯号,一个感觉好,另一个感觉不好。牺牲最终会导致怨恨,全心去给予,是你能做的最快乐的事之一,吸引力法则会捕捉那个讯号,并使更多东西涌进你的生命。你可以感觉到那种差别。

詹姆斯·雷

我发现许多人赚进了大笔钱财,但他们的生活却糟透了,这并不是富裕。你可以追逐金钱,或许也成了有钱人,但这并不能保证你就是富裕的。我的意思不是说金钱不是富裕的一部分,它绝对是,但也仅是一部分而已。

我也遇过很多所谓"有灵性"的人,但他们总是又病又穷,这同样也不是富裕。生命的每个方面本来就该是富足的。

如果你在成长过程中一直相信"富有"就一定意味着"心灵贫乏",那么我强力推荐你去阅读凯瑟琳·庞德(Catherine Ponder)的"《圣经》中的富翁"(*The Millionaires of the Bible*)系列丛书。在这些书中你会发现:亚伯拉罕、艾萨克、雅各布、约瑟、摩西和耶稣,他们不只教导人们成功富裕,自己也都是富翁,拥有现今有钱人无法想象的富裕生活方式。

你是天之骄子,成功致富是你与生俱来的权利,在你生命的每个层面,你都拥有获得更多富足的钥匙,这是远远超过你想象的。你值得拥有你想要的一切美好事物,而宇宙也会把它们给你,但是你必须把它们召唤到你的生命中。现在你知道这个秘密了,你已拥有这把钥匙——就是你的"思想"和"感觉",这把钥匙一生都握在你的手中。

玛尔西·席莫芙

在西方文化中,许多人都在努力争取成功。他们要有大的房子,要让事业成功,想拥有一切外在的事物。但在我们的研究中发现,得到这些东西并不能保证就一定能拥有我们真正想要的幸福。因此,如果我们追求这些外在的事物,并认为

它们能给自己带来幸福，那就是在走回头路。你必须追求的是内在的喜悦、内在的平静，以及内在的愿景，唯有先这样做，外在的一切才会显现。

你所要的一切，都是内在的功夫！外在的世界是成果，是思想的结果。把你的思想和频率设定在幸福快乐上，散发内在幸福和喜悦的感觉，尽你一切的力量把它传送到宇宙里，你将会在地球上体验真正的天堂。

秘密摘要

- 要吸引金钱,就要专注在富裕上。专注于金钱的不足,就不可能在人生中带来更多金钱。

- 利用想象力以及假装你已经拥有你想要的财富是很有帮助的。上演拥有财富的戏码,能让你对金钱的感觉变好,当对金钱有了好的感觉,就会有更多的金钱流进你的人生。

- 当下就感觉快乐,是为人生带来财富最快速的方法。

- 有意去看你喜欢的东西,对自己说:"我付得起。我可以买下它。"你就会转变你的想法,对金钱的感觉会变得更好。

- 去给予,好让更多金钱进入你的人生。当你慷慨使用金钱,对分享金钱也感觉美好,你等于是在说:"我有很多钱。"

- 视觉化信件里有支票。

- 让思想的天平倾向富裕的那一端。要想着富裕。

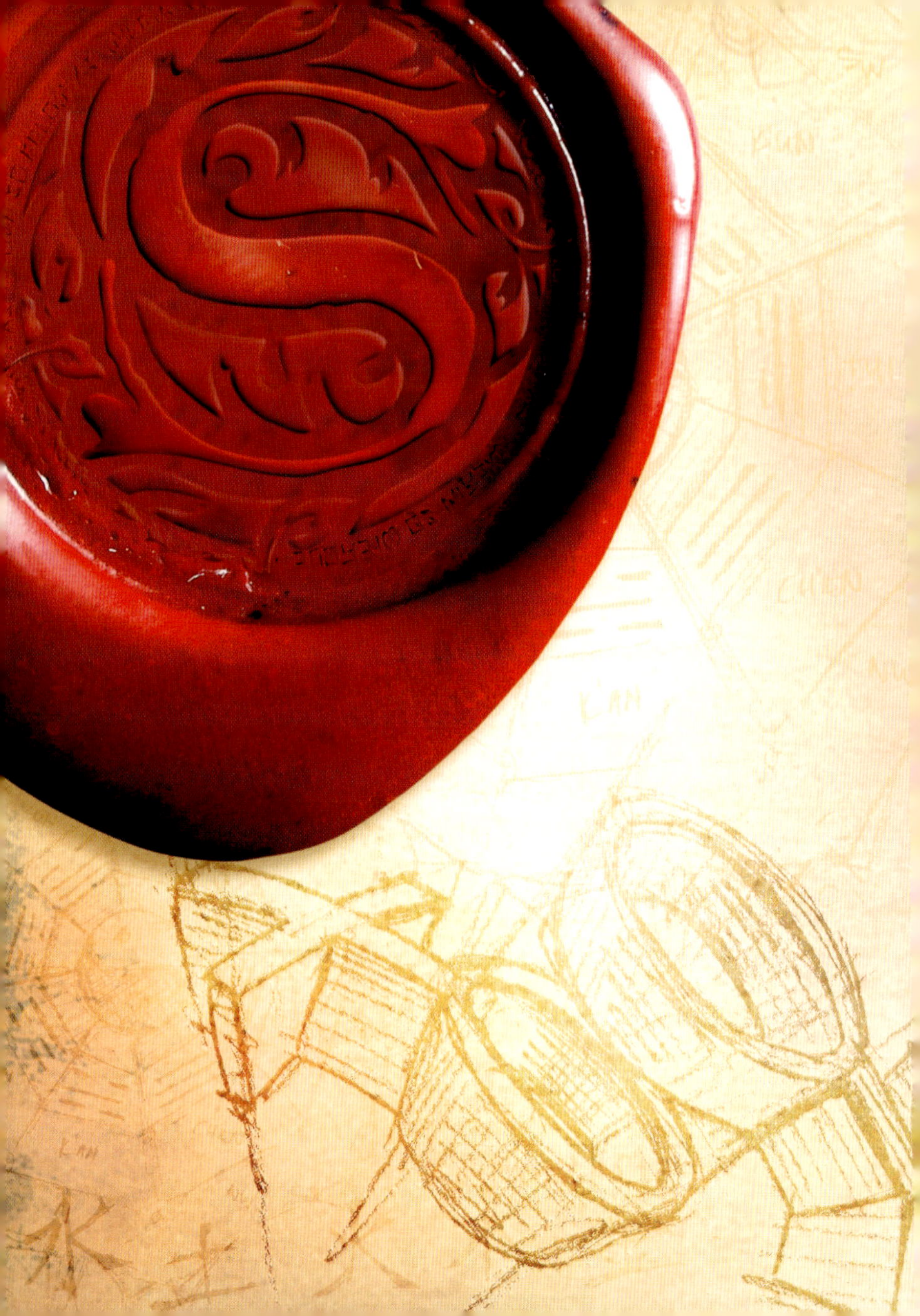

关系的秘密

玛莉·戴蒙

环境设计师、教师、演说家

这秘密意味着：我们是自身宇宙的创造者，生命中我们想达成的每个愿望都能实现。因此我们的愿望、思想和感觉是很重要的，因为它们都会显现出来。

有一天，我到一位知名电影制片兼艺术指导的家里。屋里的每个角落都挂满了用一块布遮掩的裸女像，摆着别过身去的姿势，好像是在说："我才不理你呢！"我告诉他："我猜你在爱情上可能会有问题。"他说："你有超能力吗？"我说："才不是呢。你看，你竟然在七个地方都挂着同样的女人。"他说："但我喜欢这种画，这都是我自己画的。"我说："那更糟糕，因为你把所有的创意和创造力全都放在这里头了。"他是个很帅的男人，而且因为工作的关系，周遭都是女明星，但他竟然没有罗曼史。我问他："你想要什么呢？"他说："我要一星期与三个女人约会。"我说："好，那就画下来。为自己画三个女人，然后挂在住处的每个角落。"

半年后我看到他，就问："你的爱情生活如何？"他说："太棒了！都是女性自己打电话来要和我约会。""因为那就是你的愿望呀！"我说。他说："感觉真好。我的意思是说，好几年没约过会，而现在我每星期都有三个约会，她们都为我吵架呢！""真有你的！"我说。然后他告诉我："其实我想要安定一点。现在想要婚姻，想要浪漫。"我说："那么，再把这想法画下来吧。"他说画了梦想中美丽的浪漫关系。一年后，他结婚了，而且非常幸福。

这是他向外投射了新的愿望。之前他内心盼望了好几年，但都没有发生，那是因为他的愿望没有显现出来。他外在层次的自己——他的房子——总是与他的愿望相违背。因此，如果你了解这个知识，你就会开始运用自如。

玛莉·戴蒙客户的故事，完美地说明了家居设计如何反映出这个秘密的道理，说明了我们的思想运作时，其创造的力量有多强大。我们采取任何行动之前，都先会有一个思想，思想产生我们所说的话、所感受的感觉，以及所采取的行动。尤其是行动，会特别有力量，因为行动就是"已经引发我们去做"的思想。

我们甚至可能不了解自己内心深处的思想是什么，但是我们可以从自己所采取的行动中，明白我们一直都在想什么。在那位电影制片人的故事中，他内心最深处的思想就反映在他们的行动和周围的事物中。他画了许多女人，全都是背对他的，你看出他内心最深处的思想是什么了吧？纵使他嘴里说想和更多的女人约会，但他的画反映不出他内心最深处的思想。通过行动上的有意转变，使他将全部的焦点放在想要的事物上。通过吸引力法则，做这么简单的转变，画下梦想中的生活，就能在生命里实现。

当你要把某个事物吸引到你的生命里，千万注意你的行动是否与你的愿望相违背。《秘密》影片中的主角之一迈克·杜利，在他的有声课程《善用宇宙的魔法》中提出一个很好的例子：那是一个女子想要吸引她的理想伴侣进入她的人生的故事，她已经做完所有"正确的事"，她很清楚理想中的"他"该是什么样子，还列出详细的人格特质，并在生活中视觉化"他"的存在。虽然这些都做到了，但还是看不到那人的影子。

然后有一天她回到家，正要把车子停在车库的中间时，她倒抽了一口气，突然发现她所做的都与她想要的相违背——如果把车子停在车库中间，她的理想伴侣就没地方停车了！她的举动等于是在向宇宙强烈暗示，她不相信自己会得到她所要求的。于是她马上就把车库收拾干净，并把车子停到一边去，挪出空间留给她的理想伴侣停车。然后她进到房间，把塞满衣物的柜子打开，发现没地方可以放她理想伴侣的衣物，所以她把一些衣物搬走，挪出空间。另外，她睡觉时一直都是躺在床中间的，于是她开始只睡"她"那一边，把另一边留给"他"。

在一次餐宴上，这女子把她的故事告诉了迈克·杜利，而她的理想伴侣就坐在她的旁边。当她采取这一切有效的行动、假装她已经拥有理想伴侣之后，"他"真的走进了她的生命，现在他们有着幸福的婚姻。

另一个"假装"的例子是我的姐妹——《秘密》影片的制作总监葛琳达的故事。她的生活和工作都在澳大利亚，但她想搬来美国，和我在我们美国的办事处一起工作。葛琳达非常熟悉这个秘密，于是她做了所有正确的事，希望能带来她想要的结果。但是几个月过去了，她人还是在澳大利亚。

葛琳达检视了她的行动，发现她并没有"假装"她已经得到她所要求的。于是她开始采取有效的行动，她为前往美国一事安排好生活中的一切，取消所有的会员活动，将不需要的东西送人，把行李箱拿出来打包好。不到四个星期，葛琳达已经在我们的美国办事处工作了。

去想想你所要求的，确认你的行动正确地反映你的期待，没有违背你所要求的，假装你正在接收它。你的所作所为，要完全像是今天就在接收它那般。在你的生活中，要采取能反映出那个强烈期待的行动，挪出空间来接收你的渴望，如此，你就是在发出强烈的期待讯号。

你的职责在于自己

莉莎·妮可丝
在人际关系中，事先了解关系中的那个人是很重要的，不只是了解你的伴侣，你必须先了解自己。

詹姆斯·雷
如果连你都不喜欢与自己相处，那你如何去期待别人呢？于是，吸引力法则或这秘密又会再次把相同的情况带入你的生命中。对这一点，你要非常非常清楚。我要请你去思考这个问题：你是否像希望别人对待你那样地对待自己？

如果你对待自己，并没有像希望别人对待你的那样，那你永远也无法改变事情的状况。你的行动是强有力的思想，因此，你如果没有用爱和尊重来对待自己，你就会发出讯号说：你不够重要，你没有价值，你不值得。这个讯号会持续地放送，你将会遇到更多待你不善的人。这些人只是结果，你的思想才是起因。你必须开始用爱和尊重来对待自己，发出那样的讯号，达到那种频率，然后吸引力法则将会调动整个宇宙，你的生命将会充满爱你、尊重你的人。

许多人为了别人而牺牲自己，认为牺牲自己就是好人。错！牺牲自己只可能来自绝对匮乏的思想，因为它说："因为不是每个人都有足够的东西，所以我得当那个没份儿的。"这并不是好的感觉，所以最终都会导致怨愤。每个人都能拥有富足，召唤自身的渴望是每个人的责任。你无法为别人召唤，因为你无法替他们思考和感觉。你的职责就是自己。如果先让自己感觉美好，这美好的频率就会散发出来，并且感化每个接近你的人。

约翰·格雷博士

让自己成为解决问题的人。不要指着别人说："你欠我的，所以你得给我更多。"相反，要给自己多一点，抽出时间给自己，把自己填到饱满的程度，直到自己能够满溢而去给予。

> "想要获得爱……就让自己填满爱,直到你成为爱的磁铁。"
>
> 查尔斯·哈尼尔

我们大部分人都被教导要把自己摆在最后一位,结果是,我们能吸引过来的却是自己认为没价值的、不值得的感觉。只要这些感觉寄居在我们心里,我们就会吸引更多让自己感觉没价值、不充足的人生境遇。你必须改变那样的想法。

> "毫无疑问,对某些人来说,把这么多爱给自己的想法,看起来似乎很冷酷、无情又不慈悲。然而这件事可以从另外一个观点来看:当我们发现,照顾好那'第一的'——如同'宇宙'所引导的——其实就是在照顾那'第二',而这事实上也是让那'第二的'获得永久福祉的唯一方式。"
>
> 普兰特斯·马福德

除非先把自己填满,否则你没有东西可以给别人,因此你很自然地会以自己为优先,先专心在自己的喜悦上。人有责任让自己喜悦。当你把目标放在喜悦上、做着会让自己感觉美好的事,你就成了一个喜悦和快乐的人,成为你生命中每个人、每个孩子光明的榜样。当你感觉喜悦时,甚至连"给予"这件事都不必去想,就会自然地满溢出来。

莉莎·妮可丝

在好几次的交往关系中，我一直都期待伴侣能称赞我的美丽，因为我看不到自己的美。在我成长过程中，我的英雄就是"无敌女金刚""神力女超人"和"霹雳娇娃"，我觉得她们好棒，但我长得不像她们。直到我爱上自己——爱我的咖啡色皮肤、我的厚唇、我的圆臀、我黑色的鬈发，整个世界才会爱上我。

你不得不爱**你**自己的理由是，如果不爱**你**自己，你是不可能感觉美好的。当你觉得自己不好，你就阻挡了宇宙为你所准备的一切爱和美好的事物。

你觉得自己不好的时候，会感觉元气好像被榨干了。因为你自身一切的美好——健康、财富、爱——都是存在于喜悦与美好的感觉频率中。拥有无限能量及健康安好的美妙感觉，也都是存在于感觉美好的频率里。当你觉得自己不好，你就处于一种频率上，会吸引更多的人、情境和环境，来让"觉得**你**自己不好"的感觉继续下去。

你必须改变你的焦点，并开始想自身美好的一切，要在自己内心中找到正面的事物。当你专注在这上面，吸引力法则将会显现更多**你**自身的美好。你会吸引任何你想的事物。你只需从持续想着一个自己的优点开始,吸引力法则将会用更多同类的思想回应**你**。寻找**你**自身的美好。寻求,你必定得到!

鲍勃·普克特

你有着非常棒的特质。我研究自己44年了,有时候连我都想吻一下自己!因为你必定要去喜欢自己,我指的不是自负,而是一种对自己有益的尊重。当你爱自己,你自然就能够爱他人。

玛尔西·席莫芙

在人际关系中,我们都非常习惯抱怨他人,譬如,"我的同事真是够懒惰,我的老公让我抓狂,我的孩子真是难以伺候",等等,焦点总是放在他人身上。然而,要让人际关系顺利,我们必须把焦点放在对他人的欣赏上,而不是抱怨。当我们抱怨时,我们只会遇到更多引起抱怨的事。

纵使你现在的人际关系真的很糟:交往不顺利、相处不来、老是被人批评,你仍然可以扭转这个局面。拿张纸来,接下来用一个月的时间,写下那些人让你欣赏的地方。想想所有你能够爱他们的理由,例如,你欣赏他们的幽默感,欣赏他们的支持帮忙等。当你把焦点放在欣赏、

感谢他们的优点时，你会发现更多值得欣赏、感激的东西，问题就会渐渐消失。

莉莎·妮可丝

你往往都把创造快乐的机会给了别人，而他们常常也无法做到你想要的样子。为什么？因为唯一能为你的喜悦、幸福负责的人，就是你。因此，就算你的父母、孩子或配偶，他们对你的幸福也没有主控权。他们拥有的，只是和你分享幸福的机会。你的喜悦，是来自你的内心。

你的一切喜悦，都在爱的频率上——那是世上最高、最有力量的频率。爱，无法握在你的手上，你只能在心中感受它。爱是一种存在状态，你可以在人的身上看见表达爱的证明。爱是一种感觉，然而唯一能够流露、发出爱的感觉的人，是你。你有无限的能力来产生爱的感觉，当你去爱的时候，就和宇宙处于全然的和谐之中。尽你所能地爱所有人和事物，焦点只放在你所爱的、能感受到爱的事物上，你就会体验到爱和喜悦加倍回到你的身上！吸引力法则必将回送你更多爱的事物。当你流露出爱，感觉会像整个宇宙在为你做每一件事，给你一切喜悦的事物，给你一切美好的人。事实上，也真的是如此。

秘密摘要

- 当你要吸引某种关系到生命中,千万记得不要让你的思想、语言、行为,以及周遭环境,与你所渴望的相违背。

- 你的职责在你自己。除非先把自己填满,否则你没有东西可以给别人。

- 以爱和尊重对待自己,就会吸引爱你、尊重你的人。

- 当你觉得自己不好,就是在阻挡爱,而且,你会吸引更多继续让你觉得自己不好的人和情境。

- 专注在那些你喜欢自己的特质上,吸引力法则将会带来更多让你自身美好的东西。

- 要让某种关系顺利,就把焦点放在对他人的欣赏上,而非抱怨。当你把焦点放在他们的优点上时,你就会发现他们更多的优点。

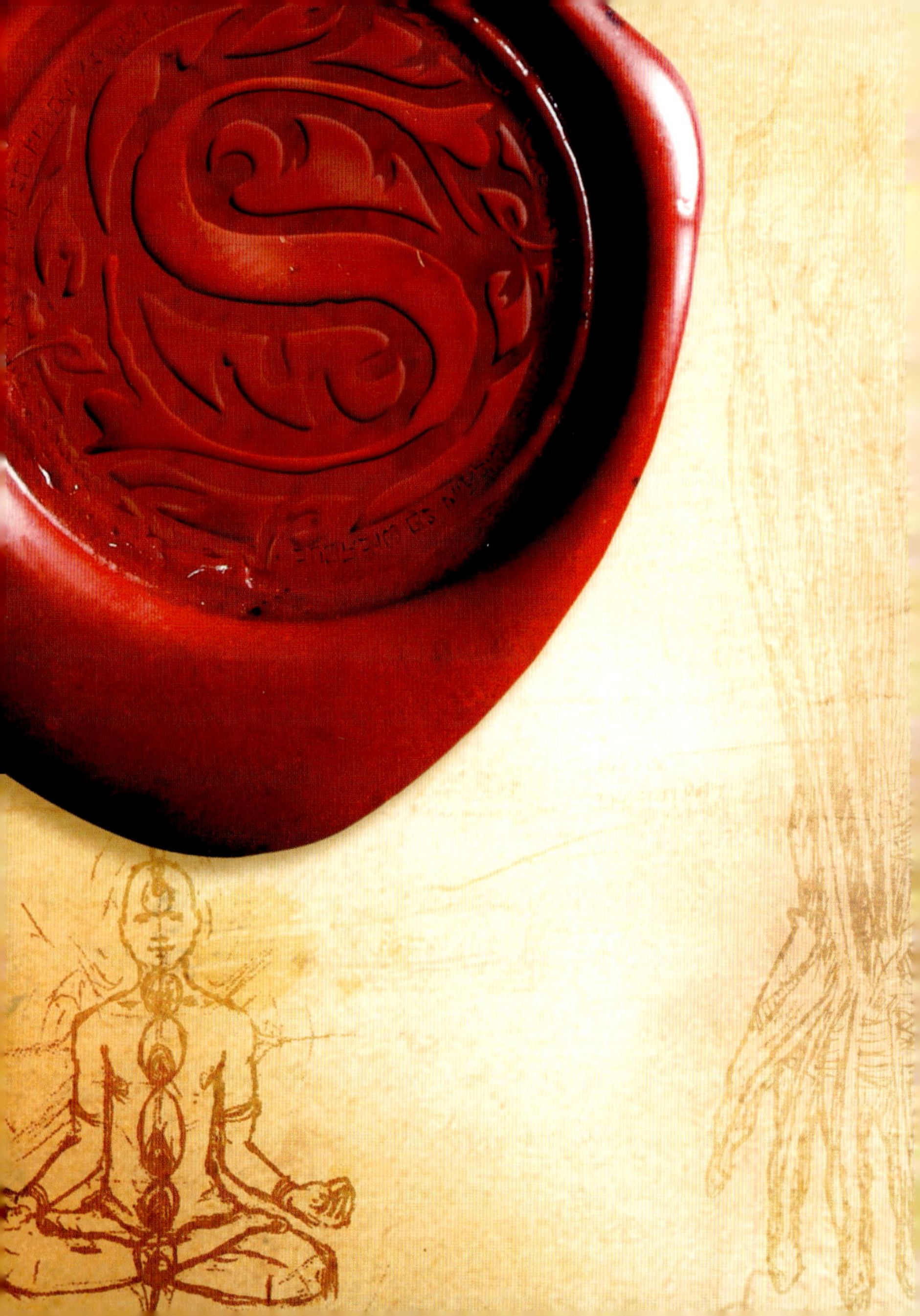

健康的秘密

约翰·海格林博士

量子物理学家、公共政策专家

我们的身体其实就是思想的产物。我们已经开始了解，从医学上来说，思想和情感的状态确实会影响身体的物质、结构和功能。

约翰·迪马提尼医师

在治疗技术上，我们都听过"安慰剂效应"。"安慰剂"就像糖一样，是对身体毫无影响和效果的东西。

你告诉病人那是有效的药，结果有时纵然没出现更好的效果，"安慰剂"也能和原本用来治疗的药物一样有效。因此，我们发现"人心"才是治疗的关键要素，其重要性有时甚至超过药物。

越能觉察到这个秘密的重要，就越能看清楚发生在人们身上的事件背后的真相——包括健康方面。"安慰剂效应"是个强有力的现象，只要病人认为并真的相信那个药能够治好病，就能接收到他们所相信的，并因此痊愈。

约翰·迪马提尼医师

若病人在药物治疗外选择了另一种治疗——探索产生疾病的内心因素，但在探索的同时，如果情况是紧急而且可能致命的，那么使用药物当然是明智的选择。因此，我们不否定药物治疗，每种治疗都各有其价值。

这种心疗是可以与药物一起和谐运作的。如果感到疼痛，药物有助于消除疼痛，让病人可以将强大的心力专注在健康上。不管周遭发生什么事，"想着我是健康无恙的"，是每个人都能在内心里做的事。

莉莎·妮可丝

宇宙是个丰饶的杰作，当你敞开心扉，去感受宇宙的丰饶，你会体验到惊奇、喜悦、幸福，以及宇宙给你的一切美好事物——良好的健康、令人满意的财富和良善的本性。如果用负面的思想封闭自己，你就会感到不适、疼痛和痛苦，觉得每天都是难熬的一天。

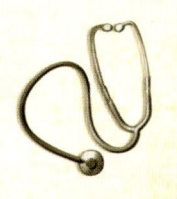

班·琼森博士

目前，我们有多达千种不同的诊断和疾病。疾病只是身体系统的连接松脱了，并且全都是同一原因——压力——所造成的结果。只要施加足够的压力在某个环节和系统上，那么，其中某个连接就会断裂。

所有压力都是由一个负面思想开始的。一个思想若未经检验，就会有更多的思想接踵而来，直到压力显现。压力是结果，负面的想法才是起因，而且都是由一个微小的负面思想开始起头。然而，无论你已显现出什么，都可以借由一个小的和接续而来的正面思想来改变。

约翰·迪马提尼医师

我们的生理机能会借由生病反馈给我们，好让我们知道自己的观点失衡了，或是离开了爱和感恩的状态，因此，身体出现这些征兆和症状并不是件坏事。

迪马提尼医师告诉我们，爱和感恩可以解除我们生活中所有的负面性——无论以什么形式。爱和感恩能够移山倒海，创造奇迹。爱和感恩能够消弭任何疾病。

迈克·伯纳德·贝奎斯

人们常问的一个问题是："人在身体这座殿堂里显现了疾病，或是在生活中有某种不安，能否可以借由'正确的'想法来扭转呢？"答案绝对是肯定的。

笑，是最佳良药

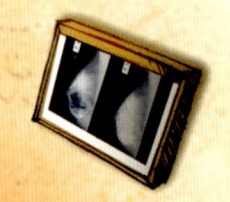

卡西·古德曼，个人故事

我被诊断出罹患乳癌，但我以强烈的信心，真的在心中相信我已经痊愈了，每天我都会说："感谢我已经好了。"一直持续不断地说："感谢我已经好了。"我内心相信我已经痊愈，我看待自己，有如身体从来没罹患癌症一般。

我自我治疗的方法之一，就是去看喜剧电影，一直笑呀笑的。我的生命再也承受不起压力了，因为我们知道深度自我治疗时，压力是最糟糕的事。

> 从被诊断出癌症到痊愈，前后大约花了三个月，而且我没有
> 使用任何放射或化学治疗。

卡西这则美丽又激动人心的故事，说明了三个在运作中的巨大力量：感恩的疗愈力、接收的信心力，以及欢笑和喜悦消除体内疾病的治疗力。

卡西是在听到诺曼·卡森斯的故事后受到启发，把"笑"纳入她治疗的一部分的。

诺曼被诊断罹患了"绝"症，医生告诉他，只剩下几个月的日子可活。于是，诺曼决定自己来治疗，三个月来，他只看喜剧片，持续地笑呀笑的。就在这三个月中，疾病从他的身体离开，医生们直呼他的康复简直是个奇迹。

诺曼在笑的同时，释放了所有的消极性，于是也释放了疾病。笑，真的是最佳良药。

班·琼森博士

> 我们都有个称为"自我治疗"的内建程序，受伤后会再复
> 原。遭受细菌感染时，免疫系统会去对付这些细菌，并且治
> 好。免疫系统就是设计来"自疗"的。

鲍勃·普克特

疾病无法在处于健康情绪状态的身体中存活。你的身体每秒都在丢弃上百万个细胞,同时也制造上百万个新生细胞。

约翰·海格林博士

事实上,我们身体的某些部分天天都在更新,有些是几个月,有些则是几年。于是,我们每个人在几年之内就会有一个"全新"的身体。

如果我们整个身体就如科学证实的那样,在几年之内就会全部替换,那为何退化和身体的不适,会留存在身体里好几年呢?这些退化和不适,是借由思想、借由对身体不适与疾病的观察和注意力,而被留存在那儿的。

想着完美的念头

要想着完美的念头。病痛无法在一个拥有和谐思想的身体中存在。要知道,一切都是完美的,当你观察的是完美,你就会召唤它过来。人类所有的疾苦,包括疾病、贫困和不幸,都是起因于不完美的想法。当我们有负面的想法,我们就和与生俱来的权利做了切割。要做出这样的企图与宣告:"我要想着完美,我只看到完美,我就是完美。"

我要把所有的僵硬和不灵活全都从身体里排除掉，只把注意力放在将自己的身体看作有如小孩般的灵活和完美、所有僵硬和关节痛都会消失上。我整夜都这么做。

"老化"的信念就在我们的心里。根据科学的解释，我们在非常短的时间内就能重获一个全新的身体。"老化"是个局限的想法，所以，把这些思想从你的意识里释放掉吧。要知道，不论你心里记得度过多少次生日，你的身体永远都只有"几个月大"。下次你生日的时候，对自己好一点，把它当作第一次生日来庆祝吧！别在蛋糕上插满60根蜡烛，除非你想把"老化"召唤过来。很不幸的，西方社会对年龄越来越注重，然而实际上，根本没有"年龄"这种东西。

你可以只用想象，就达到健康的完美状态、完美的身体、完美的体重，以及永驻的青春。借由不断地去想着完美，你就可以把完美带进生命里。

鲍勃·普克特

生病时，你若聚焦在病痛上，又和人们谈论这些病痛，就会制造更多有病的细胞。要把自己当成是活在一个健康无恙的身体里，病痛的事就交给医生去处理吧。

人们有病痛时常做的事情之一，就是一直和别人谈论它。因为他们老是在想着病痛，所以要用言语表达他们的思想。如果身体感到微恙，千万别去谈论它——除非你想要得到更多的不适。要知道，责任是在你的思想上，要尽量不断地对自己说："我感觉好棒，我感觉真好。"并且要真的去感受它。在你感觉不太好时，若有人过来问你感觉怎样，就要觉得感激，因为那个人提醒了你，要去想感觉良好的思想。说话的时候，永远都只说你想要的。

除非你认为你可以，否则你是无法"得到"任何东西的。认为自己可以，就是在借着思想做出邀请。如果你听别人诉说他们的病痛，你也等于是在邀请病痛的到来。在听的时候，你就把全部的思想和焦点放在病痛上。而把全部的思想放在某个事物上，就是在请求它的到来。所以，聆听他人诉说病痛绝对不是在帮他们，而只会增加他们病痛的能量。如果你真的想帮助那个人，就把话题转向美好的事物——如果你可以的话——否则就别管闲事。当离开时，用你有力的思想和感觉，去想着那个人的身体是健康安好的，然后就别再去想了。

莉莎·妮可丝

譬如说有两个人，他们都患了某种病，但其中一人选择专注在喜悦上，他选择活在可能性和希望里头，焦点放在他应该感到喜悦和感恩的理由上。同样的诊断，另一个人则选择专注在疾病、痛苦，还有"我真不幸啊"上头。

鲍勃·道尔

当人们完全专注在身体不对劲的地方和症状上，将会使这种状况持续存在。除非他们把注意力从生病转移到健康，否则疗愈

是不会发生的,因为这是吸引力法则。

"让我们尽量牢记一件事——每个不愉快的思想,都是放进身体里的坏东西。"

普兰特斯·马福德

约翰·海格林博士
较愉悦的思想会产生较愉悦的生化物质,也会有较健康快乐的身体,负面的思想和压力,则严重地使身体和脑部的功能退化。因为我们的思想和情感会一直不断地重聚、重组、重造我们的身体。

不论你的身体已显现出什么状态,你都可以改变它——彻彻底底的。开始去想快乐的思想,让自己处于快乐的状态。快乐是存在的一种感觉状态,把手指放在"感觉快乐"的按钮上,现在就按下它,不论周遭发生什么事,持续紧紧地按住它。

班·琼森博士
把生理上的压力拿走后,身体就会执行它天生的功能——它会自我治疗。

你不必用艰苦奋战来摆脱疾病,你只需要释放掉负面的思想,让身体原本的健康状态重新出现就好,方法就是这么简单。你的身体会治疗它自己。

迈克·伯纳德·贝奎斯
我看过,有人肾脏重新长出来,癌细胞消失了,视力改善并恢复正常。

在我发现这个秘密之前,我戴着眼镜阅读已经有三年之久。有天晚上,我在查询几个世纪以来关于这个秘密的知识时,我发觉自己伸手去拿眼镜,想看清楚正在阅读的东西。我当场停了下来,发现自己的这个举动,顿时像被雷击一般震惊。

我过去听信社会上的说法,说随着年龄增长,人的视力会减退。我看过人们把手伸得远远的,才能阅读手上的东西。我给了自己"随着年龄增长视力会减退"的想法,并且把这状况带给自己。虽然我没刻意要这么做,但我就是做了,而我知道,因思想而来的事物是可以改变的。于是我马上想象,自己能够像21岁时那样视力清晰。我看见自己在晦暗的餐厅内、飞机上、计算机前,能够毫不费力地清楚阅读。我不断地说:"我可以看得很清楚,我可以看得很清楚。"我感受到拥有清晰视力时的那种感激和兴奋。三天后,我的视力恢复了。我现在阅读不需要戴眼镜,因为我看得很清楚。

当我告诉班·琼森博士(《秘密》中的导师之一)我所做的

事，他说："你可知道该做些什么，才能让你的眼睛在三天内发生这个奇迹？"我回答："不知道。感谢老天我当时不知道，所以脑子里什么也没想！我只知道我做得到，所以很快就做到了。"（有时候，知道得越少越好！）

琼森博士消除了他自己身体里的"绝"症，相较于他的神奇故事，视力的恢复对我来说可以说是算不了什么。事实上，当时我是期望隔天视力就能恢复的，所以在我的心中，三天不能算是奇迹。要记得在宇宙中，时间和大小是不存在的，治疗疾病和治疗粉刺一样简单。方法是完全一样的，差别只在我们的心。如果你吸引到某种精神或肉体上的痛苦，那就在心中把它缩小到粉刺的大小，抛开所有的负面思想，然后专注在完美的健康上。

没有治不好的病

约翰·迪马提尼医师

我常说，所谓的"绝"症，就是指"要从内心治疗"的疾病。

我相信而且知道，没有什么病是治不好的。所谓的"绝症"都曾经被治好过。在我心中及我所创造的世界，"无法治疗"是不存在的。这个世界，还留给你许多的空间。所以，加入我们吧。这是个每天都在发生奇迹的世界，这是个充满沛然的丰盛、一切美好事物当下具足的世界，就在你的内心。听起来就像是天堂，不是吗？它就是天堂。

迈克·伯纳德·贝奎斯

你能改变生命。你能自我疗愈。

莫里斯·古德曼
作家、国际级演说家

我的故事发生在1981年3月10日。这一天真的改变了我的一生，使我永生难忘——我坠机了。我被送到医院时全身瘫痪，脊椎摔断了，伤到第一和第二节颈椎，我的吞咽反射功能损坏，无法吃、喝，横膈膜也遭损坏，无法呼吸。唯一能做的，就是眨眼睛。当然，医生们说，我将变成植物人度过余生，所能做的，也只有眨眼睛而已。那是他们对我的看法，但他们的看法并不重要，重要的是我自己的想法。我想象那样一幅画面，看到自己再度变成正常人，走出那家医院。

在医院，我需要下功夫的只是我的"心"。只要你有心，就能让事情恢复原状。

我被戴上人工呼吸器，他们说我永远无法自己呼吸，因为我的横膈膜已经损坏了。但是，有个小小的声音一直对我说："深呼吸、深呼吸。"最后，我不必再使用人工呼吸

器了，他们无法解释我的状况。我无法承受任何会令我偏移目标和愿景的事物来到我心中。

我设定了一个目标，要在圣诞节的当天走出医院，而且，我做到了。我用自己的双腿走出了医院，他们说这简直是不可能的事，我永远忘不了那一天。

我要对现在正感到痛苦的朋友说："如果我要对自己的生命，或对'人对生命能做些什么'做个总结的话，我会用这句话来做结论：'人会成为他所想的样子。'"

莫里斯·古德曼被称为"奇迹先生"，《秘密》挑选他的故事，是因为很能说明"人心"不可测的力量，以及无限的潜能。莫里斯知道他内在的那股力量，能带来他选择去想的事物。一切都是可能的，莫里斯·古德曼的故事启发了成千上万的人去思考、想象、感觉他们回到健康的路途上，他把自己生命中最大的挑战，转变成最大的恩赐。

自从《秘密》影片发行后，我们就被奇迹式的故事淹没，各式各样的疾病，在人们看完《秘密》的影片后，就从身体里消失了。只要你相信，一切都是可能的。

有关键康这个主题，我要引用一段班·琼森博士所说的启发人心的话："我们现在正进入能量医学的时代，宇宙中的一切事物都有一个频率,你所要做的只是改变频率,或者创造相反的频率。要在这个世界改变任何事,就是这么容易,不论它是疾病、情绪问题,或是其他事情。这是巨大无比的、是我们遇见过的最大的一件事。"

秘密摘要

- "安慰剂效应"就是"吸引力法则"实际运作的例子。只要病人真的相信那个药能够治好病,就能接收到他们所相信的,并因此痊愈。

- 不管周遭发生什么事,"想着我是健康无恙的",是每个人都能在内心里做的事。

- 笑,能引来喜悦,释放消极心态,并促成奇迹式的疗愈。

- 身体的疾病是靠思想、对身体不适的观察和注意力来支撑的。如果身体感到微恙,千万别谈论它——除非你想得到更多的不适。你若聆听他人谈论病痛,只会增加他们病痛的能量。相反,把话题转向美好的事物上,想着那个人的身体是健康安好的。

- 相信老化的观念都存在我们心里。把这些思想从意识里释放掉,专注在健康和青春永驻上。

- 不要听信社会上有关疾病和老化的说法。负面的讯息对你毫无用处。

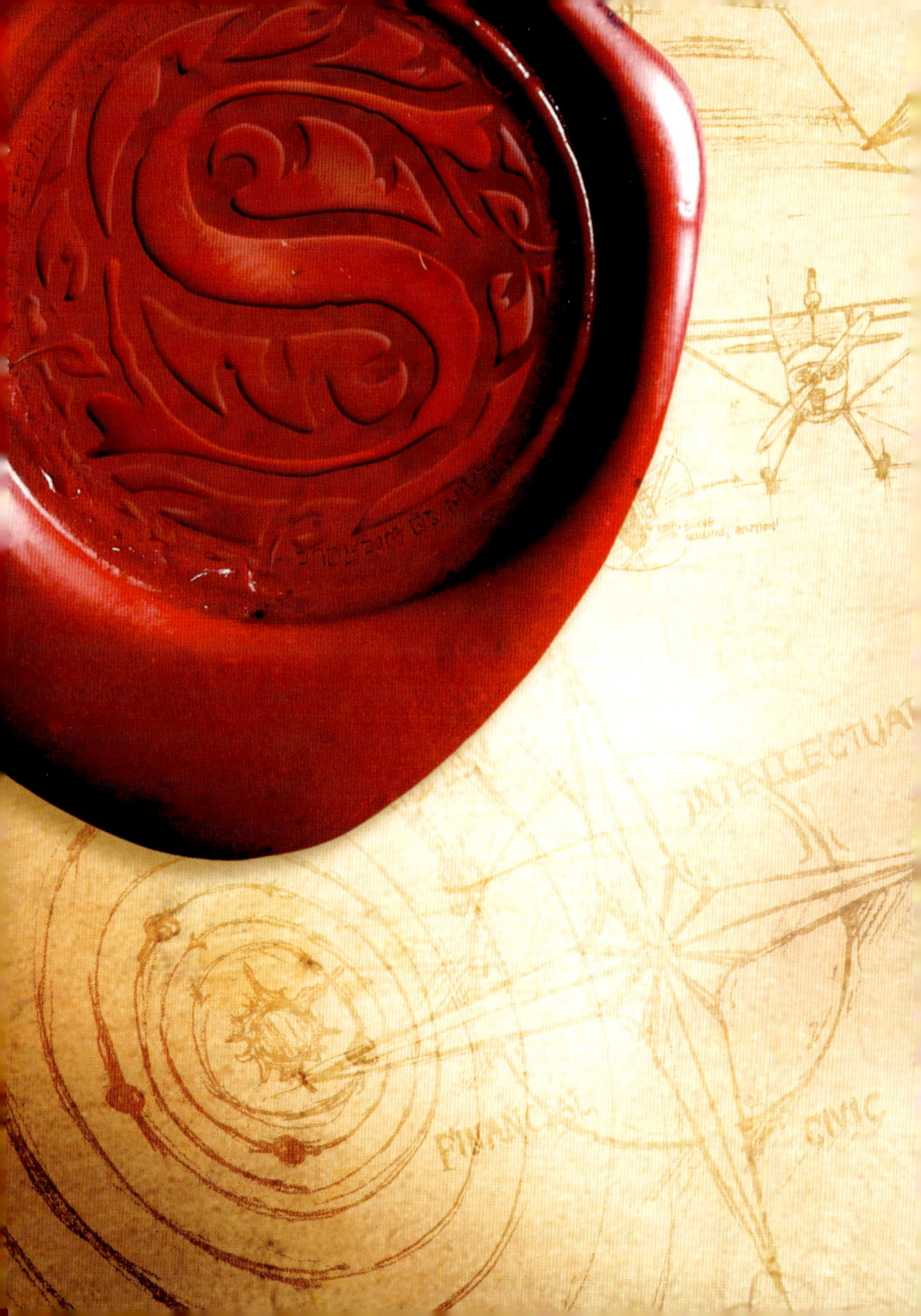

世界的秘密

莉莎·妮可丝

人有种倾向,看到想要的事物就会说:"对,我喜欢那个,我要那个。"然而,看到不想要的事物时,也会以扑灭它、消除它、消灭它的想法,来给予它同样的能量。我们的社会已经变得习惯从抗争中获得满足——对抗癌症、贫穷、战争、毒品、恐怖主义和暴力等。我们很容易与不想要的事物抗争,事实上却制造了更多的抗争。

海尔·多斯金

教师,《塞多纳术》作者

任何事物,只要专注于它,我们就在创造它。因此,举个例子来说,如果我们对当前发生的战争、冲突或苦难感到非常气恼,其实就是将自己的能量加诸其上，我们等于是在对自己施压，而那只会产生抵抗。

"你所抵抗的，会持续存在。"

荣格（1875—1961）

鲍勃·道尔

所抵抗的东西会持续存在的理由是，如果你抗拒某件事情，你就是在说："不，我不要这件事，因为它让我产生现在这种感觉。"因此你是在发出一种强烈的情绪："我真的讨厌这种感觉。"于是这种感觉就开始向你飞奔而来。

想去抵抗任何事物，好比是想改变已经出现的画面一样，是无济于事的。你必须深入内在，由思想和感觉发出新的讯号，来创造新的画面。

当你去抗拒已经出现的东西，你就等于把更多的能量和力量加诸在你不想要的画面上，并以更猛烈的速度带来更多你抗拒的东西，于是那些事件或坏境况只会越变越大，因为这是宇宙的法则。

杰克·坎菲尔德

反战运动制造了更多战争，反毒运动事实上产生了更多的毒品，因为我们一直把焦点放在不要的东西上！

莉莎·妮可丝

人们相信,如果要真正消除某样事物,就必须把焦点放在它上面。我们把所有能量都给了那个问题,却不把焦点放在信任、爱、富足的生活、教育或和平上,这样做对吗?

杰克·坎菲尔德

特里莎修女真的很英明,她说:"我从不参加反战的游行,等到有倡导和平的游行再找我吧。"她心里知道,她了解这个秘密。看看她在这世界中显现了什么。

海尔·多斯金

因此,如果你想反战的话,那么就用支持和平取代之,如果你想反饥饿,那么就去支持人人都有饭吃,如果你反对某个政治人物,那么就去支持他的对手。在选举里,人民真正反对的人,通常越容易当选,因为他获得了所有的能量和关注。

这世界的一切事物,都是由一个思想开始的。越大的事物会变更大,是因为它发生之后,反而获得更多人的关注。那些思想和情绪会让那件事情持续存在,并使它变得更大。若将我们的心从中抽离,把焦点改放在爱上头,它就无法存在了。它会消失无踪。

"记住,这说法是最棒,但也是最难领会的。要记得,不论问题是什么,发生在何处,是谁受到影响,唯一该改造的是你自己,唯一该做的事是去确信你渴望实现的目标。"

查尔斯·哈尼尔

杰克·坎菲尔德

去留意一下你不想要的东西是可以的,因为它能够给你一种对照,让你知道:"我就是要这个。"然而事实上,对你不想要的事物谈论得越多,或者谈论它有多糟糕,老是在读相关的东西,然后说它有多惨——那么,你就创造了更多这些东西。

专注在负面的事物上,是无法帮助这个世界的。当你专注在这个世界的负面事件上,你不仅仅会增加它们的能量,同时,也会为你的生命带来更多负面的事物。

当出现的画面是你不想要的,就是在提示你应该改变想法、发出新的讯号了。纵使世界局势是如此,你也是有影响力的。你拥有全部的力量。专注于所有人的喜悦,专注于食物的丰足,把最有力的思想放在想要的事物上。不论现在周遭发生什么事,你都有能力通过发出爱和幸福的感觉,来对这世界做出贡献。

詹姆斯·雷

> 好几次人们都跟我说:"詹姆斯,我必须获得信息呀。"或许你是该获得信息,但不需被信息淹没。

在发现这个秘密之后,我就下定决心再也不看新闻和报纸了,因为那不会让我感觉美好。我们不能去责怪报纸和新闻媒体散播坏消息。身为地球村的一分子,我们必须为此负责。当戏剧性的大事件出现在头版,报纸的销售量就大增,当全国或世界发生了重大灾难,新闻频道的收视率就直线攀升。报纸和新闻媒体会给我们更多坏消息,是因为就一个社会来说,那就是我们自己想要的。我们是原因,媒体只是结果。这只是一种吸引力法则的运作!

当我们发出新的讯号,并将焦点放在我们想要的事物上,报纸和新闻媒体所传递的内容就会改变。

迈克·伯纳德·贝奎斯

> 学着静下来,把注意力从你不要的事物,以及所有萦绕其中的情绪上移开,把注意力放在你期望去体验的事物上……能量会流向注意力之所在。

"真诚地思考,你的思想就能成为喂养世界饥荒的食粮。"

贺拉提乌斯·波纳 (1808—1889)

你是否开始看见,仅仅你的存在,就对这个世界具有惊人的影响力?当你专注在让你感觉愉快的美好事物上,你就是在为这个世界带来更多美好的事物,同时,你也为自己的生命带来更多美好的事物。当你感觉到美好,你就提升了自己的生命,也鼓舞了这个世界!

这法则是个完美的运作。

约翰·迪马提尼医师

我常说,当内在的声音与观点变得比外在的意见更深刻、清晰、响亮时,你就主宰了自己的生命!

莉莎·妮可丝

你的职责不在改变世界或改变周遭的人。你的任务是:顺应宇宙之势,并且在当中礼赞欢庆。

你是自己生命的主宰,宇宙回应你的一切所求。如果出现的是你不想要的画面,千万别被它迷惑住,负起责任来,尽你所能淡然处之,释放它们。然后想着你想要的事物,成为你的新思想,去感觉它们,并感激它们已被实现。

丰饶的宇宙

乔·维泰利博士
我最常被问到的问题之一是：如果每个人都使用这个秘密，都把宇宙当成目录，那么会不会发生缺货的情形？会不会像大家都跑去挤兑而导致银行破产那样？

迈克·伯纳德·贝奎斯
这个秘密道理的美妙之处就在于——宇宙可以满足所有人，而且充足有余。

在人们心中，存在着像病毒般的谎言。这谎言就是："这世界的物资是不够用的，会有匮乏、极限。总之，就是不够用。"这谎言使人们生活在恐惧、贪婪和吝啬之中。这恐惧、贪婪、吝啬和匮乏的思想，变成他们的生命经验，于是，这世界的噩梦就开始了。

然而，事实的真相是——宇宙拥有的对人类来说绰绰有余。有充足有余的创意、力量、爱与喜悦，通过一颗察觉到自身无尽本质的心，这一切就会开始到来。

"不够"的想法,其实就是看着外在的画面,认为一切都是来自外在。当你这么做时,你看到的大部分,一定都是匮乏和局限的。你现在知道,一切都不是从外在进入实体,而是先从内在的想法和感觉开始。你的心就是创造一切的力量,所以它怎么可能会有任何匮乏呢?那是不可能的。你思考的能力是无限的,因此,随着思想而能够在实体中出现的事物也是无限的,每一个人都是如此。当你真的知道了这一点,你就拥有了一颗察觉到自身无穷无尽的心。

詹姆斯·雷

所有在这地球上走过的伟大导师都在告诉你——生命本来就是富足的。

"这法则的精华就是:你必须想着富足、看着富足、感觉富足,以及相信富足,不让任何局限性的思想进入你的心中。"

罗伯特·克里尔

约翰·亚萨拉夫

因此,当我们认为资源逐渐变少时,我们就会找出可以达到相同效果的新资源。

伯利兹的石油团队有个鼓舞人心的真实故事,可用来说明"心的力量"会带来资源。伯利兹曾用50年的时间进行石油勘探却终无结果。但伯利兹天然气能源有限公司的董事们都曾接受过杰出的"人性生理学训练"专家托尼·奎恩博士（Dr. Tony Quinn）的指导。借由奎恩博士的心智力量训练，董事们都有信心能够达成心目中的画面——让伯利兹顺利地成为石油生产国家。他们大胆地在之前被认定为无油的地带勘探出石油，才短短一年的时间，梦想和愿景都成为事实。在其他50个国家都找不到一滴石油，唯独伯利兹天然气能源有限公司发现了丰沛的石油，而且还是最高质量的。由于有一个相信自己拥有"无限的心智力量"的优秀团队，伯利兹成为一个石油生产国。

没有什么是有限的，不论是资源或其他任何事物；有局限的，只会是人的心。当我们打开心灵迎接无限的创造力，我们将会召唤富足，并且看见、体验到一个全新的世界。

约翰·迪马提尼医师
纵使说我们有所匮乏，那也只是因为我们没有打开眼界，看到周遭的一切。

乔·维泰利博士
当人们开始依随真心而活、追寻自己想要的事物时，他们追求的东西是不一样的。这就是它的美。我们不会都想要宝马车，不会都想要同一个人，不会都想要同一种体验，不会都想要同一款衣服，不会都想要……（你自己来补充吧）

你就在这个壮丽的星球上,被赋予这股神奇的力量,来创造你自己的生命!你所能为自己创造的事物,是没有限制的,因为你的思考能力是无限的!但你无法为他人创造他们的生活,你无法替他们思考。如果你把意见强加在他人的身上,只会为**你**自己吸引相同的后果。因此,让其他人创造他们自己想要的生活吧。

迈克·伯纳德·贝奎斯
人人都能得到满足。如果你相信它,如果你能看见它,如果依着它来行动,它就会为你显现。这就是真实情况。

"如果有任何匮乏,如果你自己成了贫困或疾病的牺牲者,那是因为你不相信、不了解力量就在你的手上,而不是宇宙给不给你的问题。宇宙会提供一切给每一个人,毫不偏袒。"

罗伯特·克里尔

宇宙借由吸引力法则,提供一切给所有的人。你有能力去选择你要体验什么,你想要让自己和所有人都能获得满足吗?那么就选择它,并且去认知到"一切都充盈丰足""供给永远无限""有许多的精彩美好"。我们每个人都有能力通过思想和感觉,向"无限又无形的供应者"汲取,并让它在经验里显现。所以,为**你**自己选择吧！因为能做选择的，只有你自己。

莉莎·妮可丝

你想要的一切——所有的喜悦、爱、富足、成功和幸福——都已经在那儿准备好，等着你随时去拿。但你必须对它有所渴望、有企图心，当你对想要的事物变得有企图心并保持炽烈的热情，宇宙就会送来你想要的每样东西。要认出你周遭美丽又美好的事物，并对它们表达祝福和赞美。另一方面，对眼前尚未尽如你意的事物，不要浪费力气去挑毛病或抱怨。拥抱你想要的一切，如此才能得到更多。

莉莎对周遭事物表达"祝福和赞美"的睿智话语，真是金玉良言。祝福、赞美你生命中的一切！当你祝福和赞美时，你就处在爱的最高频率上。在《圣经》中，希伯来人借由祝福的行为，为他们带来健康、财富和幸福，他们明白祝福的力量。对许多人来说，有人打喷嚏时是他们唯一一会去祝福的时候。因此，他们并没有把这强大力量的好处发挥到极致。字典对"祝福"的定义是："祈求神恩，赐予健康富贵。"所以，从现在开始，就在生活中祈求祝福的力量，并为一切人和事物祝福。赞美也是如此。因为你在赞美某人或某事的时候，你就是在给予爱，当你发出那个美好的频率,它会以百倍来回报你。

赞美与祝福能化解一切的负面性,所以去赞美、祝福你的仇敌吧。如果对你的仇敌下诅咒,这个诅咒将会回过头来伤害你,如果用赞美和祝福对待他们,就会化解所有的负面性与不和谐,赞美与祝福的爱,也会回报到你身上。当你赞美、祝福的时候,你会感受到自己转换到了新的频率——其回馈的就是美好的感觉。

丹尼斯·维特利博士

以前大多数的领导者,往往忽略了这个秘密的一个重要部分——那就是要将此秘密分享给别人,使他人也拥有相同的能力。

现在的时代,是历史上最好的时代。人们第一次有了这样的能力,通过指尖轻触键盘和鼠标就能轻松地获得知识。

借由这个知识,你会越来越理解到这世界的真相,以及你的本来面目。在这个秘密中,我对于"世界"这个主题的最大洞见,是来自于罗伯特·克里尔、普兰特斯·马福德、查尔斯·哈尼尔,以及迈克·伯纳德·贝奎斯等人。有了这些理解,就能获得完全的解脱,我真的希望你也能达到同样解脱的境地。如果你能做到,那么通过你的存在及你思想的力量,你将为这个世界及所有人类的未来带来最伟大的美好。

秘密摘要

- 你会吸引你所抵抗的事物，因为你的情感强烈地集中在这上面。要改变任何事物，就从内在开始，用你的思想和感觉来发出新的讯号。

- 专注在负面的事物上，是无法帮助这个世界的。当专注于这个世界的负面事件时，你不只会增加它们的效应，也会把更多的负面事物带进自己的生命里。

- 不要把焦点放在这世界的问题上，把你的注意力和能量放在信任、爱、富足、教育以及和平上。

- 美好的事物永远也用不完，就算分配给每个人，还是绰绰有余。生命本来就是丰足的。

- 你有能力通过思想和感觉，向"无限的供应者"汲取美好的事物，并让它在经验里显现。

- 赞美、祝福这世界的一切，你将化解其负面性与不和谐，让自己和"爱"这个最高的频率一致。

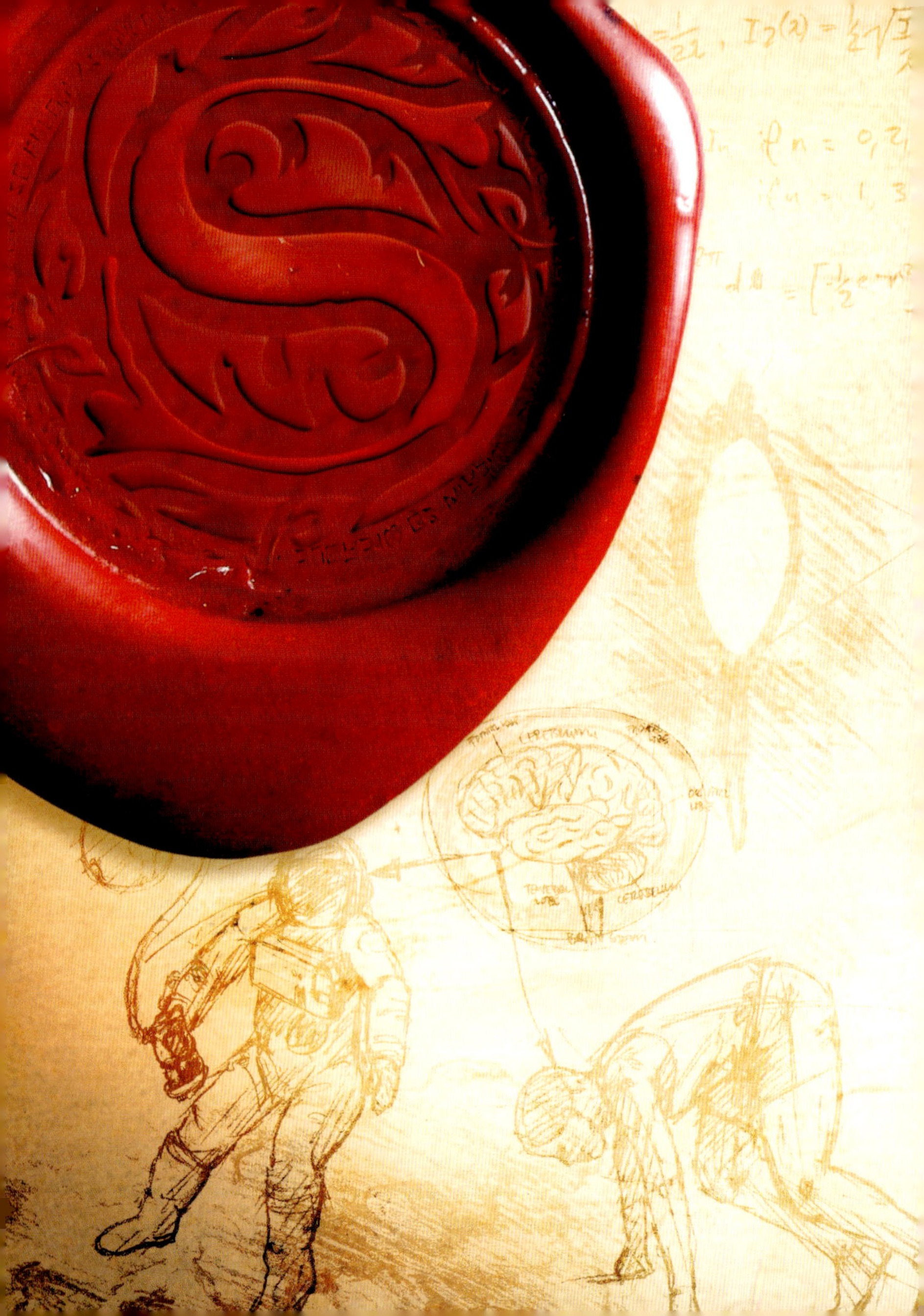

你的秘密

约翰·海格林博士

看看我们的周围，或是观察自己的身体，我们所看到的，都只是冰山一角罢了。

鲍勃·普克特

稍微想一下。看看你的手，它看起来好像是具体实在的，但其实不是。如果用适当的显微镜来观察，你会看到众多能量在振动。

约翰·亚萨拉夫

不论是你的手、海洋，还是一颗星星，万物都是由相同的东西组成。

班·琼森博士

万物都是能量。让我稍稍帮你解释一下：首先是宇宙、我们

> 的银河系、地球,然后是个人、人体内的五脏六腑、细胞、
> 分子、原子,最后是能量。因此,我们可以思考的层面有很
> 多,然而宇宙中的一切全都是能量。

发现这个秘密后,我就想以这个秘密的知识来看科学和物理学上的认知,结果,我看到非常惊人的事实。这个时代最令人振奋的发现之一就是,量子物理学和新科学与这个秘密的道理,以及历史上所有伟大导师所了解的道理,竟然都是完全一致的。

我在学校从没研究过科学或物理学,然而在阅读复杂难懂的量子物理书籍时,我却可以完全了解,因为我想要了解它们。量子物理学的研究,让我对这个秘密的能量层次有了更深的了解。对许多人来说,看到这个秘密的知识与新科学理论之间完美的关联性,会增强他们的信心。

让我解释一下,为何你是宇宙中最强有力的发射塔。简单地说,所有能量都以某种频率在振动着,身为能量之一,你也会以一种频率在振动着。不论哪个时刻,决定你频率的,就是你当时的想法和感觉。你想要的一切事物,都是由能量组成的,它们也都在振动。一切都是能量。

让人惊奇叫好的是:在想着你想要的事物时,你就会发出一个

频率，并使该事物的能量依着那个频率振动，然后把它带来给**你**！当专注在你想要的事物之时，你就在改变那个事物的原子振动并使它随着**你**而振动。之所以说你是宇宙最强的发射塔，是因为你被赋予利用思想集中能量的力量，能改变你所专注的事物的振动频率，然后将它吸引过来。

当你在想着、感觉着这些你想要的美好事物时，就等于立刻把自己调整到那个频率，使这些事物的能量随着你而振动，然后在你生命中出现。吸引力法则说"同类相吸"，你就是一个能量的磁铁，因此你可以像电一般，让所有事物随着你而"活化"，而你也可以随着你想要的事物来"活化"自己。人类主宰着自身的磁性能量，因为没有人能替别人思考或感觉。创造我们频率的，正是思想和感觉。

距今大约一百年前，无须近百年来的科学发现帮助，查尔斯·哈尼尔就已经知道宇宙是如何运作的了。

> "宇宙的心不只是智慧，同时也是本质。借由吸引力法则，把电子聚集起来形成原子的那股吸引力量，就是这个本质。借由同样的法则，原子形成了分子，分子再成为客

观存在的形式。因此，我们发现这个法则，就是每一种表现形式背后的创造力——不只是原子的，而且是世界的、宇宙的，以及想象力所能构思的一切。"

查尔斯·哈尼尔

鲍勃·普克特

不管住在哪座城市，你的身体里都有足够点亮整座城市接近一星期的潜在能量。

"意识到这股力量，就是变成一条'通上电流的电缆'。宇宙就是充满电流的电缆，它载有足够的电力，可供应每一个个体生命中每个情境的需要。当个体的心碰触到宇宙的心，它就能接收到宇宙的全部力量。"

查尔斯·哈尼尔

詹姆斯·雷

大多数人会用这个有限的身体来定义他们自己，但你并不是个有限的身体。在显微镜下看，你是一个能量场。我们对能量的理解是——若你去问量子物理学家："是什么创造了世界？"他或她会说："能量。"好吧，那么请描述一下能量。"好的。它永远无法创造或破坏，它自古至今都存在。曾存在的东西永远都会存在，只不过是从一种形式转换到另一种形式而已。"若你去问神学家："是什么创造了宇宙？"他或她会说："上帝。"那好，描述一下

上帝。"它从古至今都存在，无法被创造或破坏。一切曾存在的，都将永远存在，永远只是从一种形式转换到另一种形式而已。"你瞧，对它们的描述都一样，只是用词上有所不同而已。

所以，如果你认为自己就是个到处跑的"臭皮囊"，请再想一下吧。你是一种灵性存在！你自己就是一个能量场，在一个更大的能量场中运作。

我们是如何成为一种存在的呢？对我来说，这个问题的答案，是这秘密的道理中最精彩的部分之一。你就是能量，而能量是无法被创造或破坏的，能量只会改变形式。那是**你**！**你**的真实本质——**你**纯粹的能量——一直都存在，也将永远存在。你永远存在。你永远无法不存在。

在内心深处，你是知道这一点的。你能想象"不存在"的样子吗？除了你在生命中所见过、经历过的一切之外，你能想象"不存在"吗？你无法想象，因为那根本不可能。你是永恒的能量。

宇宙的一心

约翰·海格林博士

宇宙基本上是起源于思想。我们周遭的一切事物,不过是"思想的凝结"——量子力学证实了它、量子宇宙论也证实了它。我们最终是宇宙的根源,当能直接通过经验了解这种力量时,我们就能开始运用这个权力,达到更多成就,创造任何事物。要知道,我们自身意识领域内的一切,最终就是使宇宙运作的宇宙意识。

因此,依据我们如何使用这个力量——正面或负面的——就形成了身体的健康状况,也创造了我们的环境。所以,我们才是创造者。我们不只是自己生命的创造者,最终也是创造宇宙命运的人。我们是宇宙的创造者。因此,真的,人类的潜能是无限的,是以我们能否认知到这个深层的动力并去发挥,以及驾驭自己力量的程度而定,这又和我们思想的层次有着很大的关系。

某些伟大的人物和导师所描述的宇宙,与海格林博士所说的相同。他们都说——一切的存在都是"宇宙的一心"(One Universal Mind),而这"一心"是无所不在的。它存在于一切事物中。这"一心"就是所有的聪明、智慧、圆满,它就是一切,并在同一时间遍及各处。如果一切都是"宇宙的一心",而且存在于每一处,那么它也全都在**你**心中!

让我来帮助你了解这其中的意义。它意味着一切的可能性早已存在。未来的一切知识、发现、发明,都已经以"可能性"的形式,存在于宇宙的"心"中,等着人类的心灵去唤起。历史上的一切创造和发明,也都是从宇宙的心中汲取而来,不论发明者自己是否有意识地明白这一点。

你如何唤起它呢?借由你对它的察觉,并运用你惊人的想象力吧。寻找周遭等着被满足的需求,发挥想象,我们能创造某个伟大的发明来做这个、做那个。寻找需求,然后想象、思考它们真的被满足了。

你不需要把那发现或发明做出来,那至高无上的心灵掌握着那个可能性,你只需把心放在最终的结果上,想象需求被满足了,它就能在现实中出现。当你请求、感觉、相信,你就会接收到。那等着你去汲取、唤起的创意,是源源不绝的。你的意识中即拥有一切。

"神圣的心,是唯一的实相。"

查尔斯·费尔摩

约翰·亚萨拉夫

我们都彼此联结，只是我们看不见。"此"与"彼"的划分，其实并不存在。宇宙中的一切都是互相联结的，是一个整体的能量场。

因此，不论你怎么看，结果还是一样的。我们是一体的，我们都彼此联结，我们都是唯一能量场——唯一至高心灵、一体意识或者同一创造源——的一部分。你怎么称呼它都可以，但我们都是一体的。

如果用"我们都是一体"的观点来思考吸引力法则，你将会看到这法则的绝对完美性。

你会明白，为何对他人的负面想法，回过头来受到伤害的，还是只有你自己。因为我们是一体的！除非是你发出负面的思想和感觉，把伤害召唤到真实世界，否则你是不会受到伤害的。虽然你被赋予自由选择的意志，然而，当你有了负面的思想和感觉时，你就把自己与"一体全善"（The One and All Good）分隔开来。思考一下，你会发现，每种负面情绪都是基于恐惧，都源自于分离的思想，源自于认为与他人隔绝的想法。

"竞争"就是分离感的一个例子。首先，你的竞争思想是起源于一个"匮乏"的心理状态，认为"供应"是有限的。你认为东西是不够分给每个人的，因此我们必须通过竞争、奋战来获得东西。跟别人竞争是绝对无法赢的——即使你认为自己赢了。依据吸引力法则，当你在竞争的时候，你会吸引许多的人和情境，出现在生活的每个层面与**你**竞争，而最后，你会输。我们都是一体的，因此当你竞争时，你就是在和你自己竞争。你必须把"竞争"从心里移除，让心灵变得具有创造力。焦点只放在你的梦想和愿景上，把所有的竞争都从生命力方程式里移除。

宇宙是全体的供给源，是万物的供给者。一切事物都从宇宙里来，并且借由吸引力法则，通过人、事件、情境传递过来给你。把吸引力法则想成是"供给法则"吧，它是个能使你从无尽的供给源中汲取能量的法则。当你发出想要事物的完美频率，完美的人、事件和情境就会被你吸引过来，并送到你的手中！

给予你渴望之物的，并不是人。如果你保持错误的信念，你将体会到匮乏，因为你把外在的人和世界看成了供应源。真正的供应源是那看不见的领域——不论你称它为宇宙、至高的心灵、上帝、无尽智能，或其他任何称呼。每当领受到任何东西，要记得，那是你借由吸引力法则，借由保持在那个频率上，以及和宇宙供应源保持协调，而将它吸引过来的。无所不在的宇宙智慧会去调动人、事件、情境，把这些东西带来给你，因为这就是法则。

莉莎·妮可丝

我们常常会因这个称为"身体"或"自然的存在"的东西而分心。身体只是保存你灵魂的容器,你的灵魂大到可以充满整个房间。你是永恒的生命,你是造物主以人的形式的显现,天生完美。

迈克·伯纳德·贝奎斯

我们是宇宙意识到自己的一种方式,也就是说,我们可以开启一切可能性的无尽境界。这些说法都对。

> "百分之九十九的你,是看不见也摸不着的。"
>
> 巴克明斯特·富勒(1895—1983)

你是住在肉体里的"神",你是肉身里的灵魂,永恒的生命用**你**来展现它自己。你是宇宙的生命体,你是一切的力量,你是一切智慧、一切智能。你是完美的,你是庄严华丽的,你就是创造者,在这个星球创造"**你**"这个作品。

詹姆斯·雷

每个传统文化都说,你是依据"创造源"的形象和模样而创造出来的。这意味着,你拥有无尽的潜能与力量来创造自己的世界。而你的确是如此。

或许你已经创造出你觉得美好、值得的事物，也许还没有。我要请你去想的问题是："你人生中的成果，是不是你真正想要的？还有，你觉得值得吗？"如果觉得不值得，那现在不正是改变的时候？因为你是有力量去改变它的。

"一切力量都来自内心，因此都在我们的掌握之下。"

罗伯特·克里尔

过去的你不是你

杰克·坎费尔德

许多人都觉得自己是人生的受害者，并且常常归咎于过去的事件——或许是被父母虐待，或在不健全的家庭中长大。多数心理学家都相信，约有85%的家庭都是不健全的。所以，你突然变得没那么特别了。

我的父母亲都酗酒。父亲虐待我，母亲和他离婚时我才6岁……我要说的是，每个人或多或少都有类似的经历。真正的问题是，你现在要做什么？现在你的选择是什么？因为你可以继续专注在过去，也可以专注在你想要的事物上。当人们开始专注于他们想要的事物，他们不想要的部分就会退去。他们想要的会扩张，不想要的则会消失。

"一个人若是一直想着人生的黑暗面，不断地活在过去的不幸和失望之中，他就是在祈求未来有着相同的不幸和失望。如果你认为未来只有噩运，你就是在祈求它，当然就会得到噩运。"

普兰特斯·马福德

如果你回顾自己的生命，并把焦点放在过去的困境，只会为现在的自己带来更多的困境。一切都让它过去，不管它是什么。为自己这么做吧。如果你一直抱怨或责怪过去的某人或某事，你只是在伤害自己。你是唯一创造自己"该有的生活"的人。当你刻意把焦点放在你想要的事物上，开始散发出美好的感觉时，吸引力法则就会予以回应。你只要开始去做，之后，你就能释放出魔法。

莉莎·妮可丝

你是自己命运的设计师，你就是作者，你撰写故事。笔在你手上，结局就是你所选择的一切。

迈克·伯纳德·贝奎斯

吸引力法则的美丽之处，就在于你可以从现在开始。你可以开始去想"真正的想法"，可以开始在内心营造出和谐与幸福的情感气氛，吸引力法则将会开始给予回应。

乔·维泰利博士

所以现在你开始有了不同的信念，例如："宇宙是充足有余的""我没变老，我越来越年轻"之类的信念。我们可以利用吸引力法则，创造出我们想要的样子。

迈克·伯纳德·贝奎斯

你可以从遗传、文化习俗、社会信仰之中彻底解放出来，并以此永远证实你内在的力量，比世界上其他力量都来得大。

弗莱德·亚伦·伍尔夫博士

你也许会想："嗯，这很好，但我做不到。"或者"是她不让我做！"或是"他绝不会让我做那样的事。"或是说"我没那么多钱做那样的事""我不够强大，我做不到""我还不够富有到能做那件事"，或者"我不，我不能，我不够，我不……"

每一个"我不"，都是创造！

当你在说"我不"的时候去察觉它，并去想想这样会创造出什么结果来，这是个很棒的想法。伍尔夫博士给我们分享的这个他洞察到的事情，同样也被所有伟大导师以"我是"这个词语的力量所证明。当你说"我是……"的时候，其后所接的内容，就是用强大力量所召唤来的创造物，因为你正在宣布它成为事实。你很肯定地在陈述它，于是当你说完"我累了""我破产了""我病了""我迟到了""我太胖了""我老了"之后，神灯巨人马上就会说："您的愿望，就是我的命令。"

有了这个认知之后，如果能利用"我是"这个最有力量的词语，来做最有益于你的事，不是很棒吗？何不这样想——我是在感受一切美好的事物，我是快乐的，我是富足的，我是健康的，我是爱，我总是很准时，我是永远年轻的，我每一天都充满了活力。

查尔斯·哈尼尔在他的《万能钥匙系统》一书中，宣称有一句肯定语，能包含人类所有的愿望，还能为所有事物带来和谐的条件。他补充说："理由是，这句肯定语与真理完全一致，当真理出现，一切错误和不一致的形式必然会消失。"

这句肯定语是："我是完整、完美、强壮、有力量、充满爱、和谐又快乐的。"

如果这听起来像是个费力的工作，好像需要把你想要的东西，从看不见的地方拉到看得见的地方，那么就试试这个捷径吧：把你想要的东西，看成是既存的事实。如此一来，你想要的事物就会以光速显现出来。在你要求的当下，在宇宙的精神界——一切事物存在的领域——它就已经是事实了。当你在心中构思某件事物，并知道它将会变成事实，毫无疑问它就会真的显现出来。

"这个法则所能为你做的事，是没有限度的。要勇敢地相信自己的理想，把它想象成是已经完成的事实。"

查尔斯·哈尼尔

当亨利·福特要把他对汽车的愿景带到世界上的时候，四周的人都嘲笑他，认为他是疯了才会追求这样"荒唐"的愿景。亨利·福特比那些嘲笑他的人更清楚，他了解这个秘密，也知道宇宙的法则。

"不论你认为自己能还是不能，你都是对的。"

亨利·福特(1863—1947)

你认为你做得到吗？有了这个知识，你就可以去做任何事。过去，你或许低估了自己有多出色，而现在，你知道自己就是那至高的心灵，能够从唯一至高心灵那儿获取任何你想要的事物——任何发明、灵感、解答、事物。你可以做任何自己想做的事，你是无法形容的天才。所以开始这么告诉自己，并去觉察真实的自己。

> **迈克·伯纳德·贝奎斯**
> 这会有界限吗？当然没有。我们是不受限的存在，我们是没有最高限度的。这个地球上的每个人，其内在的能力、才能、天赋和力量，是完全无限的。

小心你的思想

你的一切力量，就存在于对这股力量的觉察中，并通过意识掌控这股力量。

你如果放任你的心，它就会像失去控制的蒸汽火车一样，把你带到过去的思想，然后再把你带到未来的思想——借着把过去的不如意事件投射到未来。这些失控的思想，也是在创造。当你有所觉察的时候，你就是处于当下，并且知道自己在想什么。获得对自己思想的控制，就是你一切力量之所在。

因此，要如何变得有觉察力呢？有个方法是停下来问问自己："现在我在想什么？我现在感觉如何？"当你这样问自己的时候，你就是处在觉察的状态，因为你已经把心带回到当下。

每当你想到它，就把自己带回到当下的觉察上。每天做上几百次，因为——要记得——你的一切力量，就在于自己对这股力量的觉察。迈克·伯纳德·贝奎斯把对这股力量的觉察做了总结，他说："要记得去记住！"这句话，成了我生命的主题曲。

为了帮助自己变得更有觉察力，让我能够记住，我请求宇宙：每当我的心被取代，或是把我当傻瓜在那边"开派对"，请给我一个温和的提醒，把我带回到当下来。这温和的提醒，可能是自己无意中撞到的，或者是因为东西掉下来，巨大的声响以及警报或铃声响起。这些对我来说都是一种信号，提醒我"心"不在焉了，必须把心带回到当下来。当收到这些信号时，我会立刻停下来，问自己："我在想什么？我感觉怎样？我有觉察力吗？"当然，我这么做的时候，就是有觉察力的。在你问自己是否觉察的当下，你就在那里了。你是有觉察力的。

"力量的真正秘密，就是去意识到力量的存在。"

査尔斯·哈尼尔

当你觉察到这个秘密的力量，并开始去使用它，你的一切疑问都会得到解答。当你开始对吸引力法则有更深一层的了解时，你就可以把提问变成一种习惯，然后你会得到每个问题的解答。要达到这个目的，你可以从使用本书开始。假若你在寻找生命中某件事的答案或指引,那就先提出问题,并且相信你能得到答案,然后随意翻开本书,你打开书页的地方,就会有你正在寻找的答案或指引。

事实上,一生中,宇宙一直都在回答你的疑问,然而除非你是有觉察力的,否则无法接收到答案。留意周遭的一切事物,因为生活中的时时刻刻,你都在接收问题的答案。答案出现的途径是没有限制的,它们可能会以吸引你的注意的报纸头条、无意中听到别人的话、广播中的一首歌、路过卡车上的招牌、突然获得的灵感等方式,来传达给你。要记得去记住,并且要有觉察力!

我在自己和他人的生命中发现,我们都不认为自己好,或不够全然地爱自己。不爱自己,会让我们远离我们想要的事物,不爱自己的时候,其实我们是把这些事物从自己身边推开。

我们想要的一切——不论它是什么——都是由爱引发的。拥有这些——青春、财富、完美的伴侣、工作、身体或健康——就是要去体验爱的感觉。要吸引我们所喜爱的事物,我们就必须传送爱,然后这些事物就会立刻出现。

重点是,要传送爱的最高频率,你必须先爱自己,而这对许多人来说,可能是很困难的。如果你把焦点放在外在及眼前所看到的东西，你可能会绊倒自己，因为你现在所看到、感觉到的自己，是你过去的习惯性思想的结果。

要全然地爱自己，就必须把焦点放在你生命的新层面（dimension）上，必须专注在你内在的"临在"（presence，指的是有察觉力地活在当下，活在每一刻中）上。静静地坐一会儿，焦点放在感受**你**内心那个生命的临在。当你专注在内心的临在，它就会开始显现在**你**面前。它是一种纯然的爱和幸福的感觉，是一种完美状态。临在就是你的完美状态，临在就是真实的**你**。当你专注在那个临在上，去感觉、去爱、去赞美那个临在，你就会全然地爱自己——很可能是你有生以来的第一次。

每当你用批评的眼光看待自己时，立刻把焦点转换到内心的临在上，它会在**你**面前展露它的完美性。如此一来，你生命中已经显现的不完美，将会消失无踪，因为不完美无法在这个临在的光芒下存在。不论是要重新获得完美的视力、消除疾病、恢复健康、转贫为富、返老还童或杜绝任何负面性，就把焦点放在你内心的临在上，去爱它，然后完美就会显现出来。

> "绝对的真相是：'我'是完美、完整的。真实的'我'是灵性的，因此不可能不完美，它永远不会有匮乏、限制或疾病。"
>
> 查尔斯·哈尼尔

秘密摘要

- 一切都是能量。你就是一个能量的磁铁，因此你可以像电一般，让所有的事物随着你而"活化"，而你也可以随着你想要的事物来活化"自己"。

- 你是一种灵性的存在。你就是能量，而能量是无法被创造或破坏的——它只会改变形式。因此，你的纯粹本质一直都在，也将永远都在。

- 宇宙起源于思想。我们不只是自身命运的创造者，同时也是宇宙的创造者。

- 有无尽的思想可以供你利用。一切的知识、发现、发明，都已经以"可能性"的形式存在于宇宙的心中，等着人类的心灵去唤起。你的意识中即拥有一切。

- 我们都互相联结，我们都是一体的。

- 忘掉你过去的困苦、文化习俗及社会信仰。你是唯一能创造自己"该有的生活"的人。

- 让你的渴望显现的捷径是——把你想要的，看成是既成的事实。

- 你的力量就在你的思想里，因此要保持觉察力。换句话说，要"记得去记住"。

$$z^{-1}\,dt = \left[-e^{-z}t\right]_0^\infty - \int_0^\infty (-e^{-z})\cdot z^{-1}\,dt = \boxed{\Gamma(z+1) = z\Gamma(z)}$$

$$\Gamma\!\left(\tfrac{1}{2}\right) = \tfrac{\sqrt{\pi}}{2},\ \Gamma\!\left(\tfrac{3}{2}\right) = -\tfrac{1}{2}\,dt = -\tfrac{1}{2}z \qquad \cdots \qquad \Gamma\!\left(\tfrac{n+1}{2}\right)$$

$$I_1(z) = \tfrac{2}{\pi z},\quad I_2(z) = \tfrac{2}{z}\sqrt{\tfrac{2}{\pi z}},\quad I_3(z) = \tfrac{4}{z^2}\quad I_4(z) = \tfrac{3}{z^3}\sqrt{\tfrac{\pi}{2z}}$$

$$\int x^n\,dx = \sqrt{2\ln}\ \ell n = 0, 2, 4, \ldots$$

生命的秘密

尼尔·唐纳·沃什
作家、国际级演说家

天上并没有一块黑板,上面写着你的人生目的和任务。天上也没有一块黑板写着:"尼尔·唐纳·沃什,一个英俊的人,活在20世纪初期,他……""他"字之后是空白。如果要真正明白我要在这儿做什么,以及为何我会在这儿,我就必须去找出那块黑板,看看我心里真正的想法。然而,这块黑板并不存在。

所以,你的人生目的,你说了算,生命的任务,由你自己来赋予。你的人生由你自己来创造,你的存在就是完美的象征,就是宇宙的体现,而不需要任何其他人来评判,永远不需要。

你必须把你想要的一切，填写在你生命的黑板上。如果你填写的是过去的包袱，那就把它们擦干净吧。把过去对你毫无用处的一切都擦掉，并感谢它们把你带到现在这个地方，从而让你有一个全新的开始。现在你有了干净的板子，你可以重新开始——就在此时此地。找出你的喜悦，并好好地生活！

杰克·坎菲尔德

我花了很多年才了解到这一点，因为我一直在这样的想法下长大——有些事是我应该做的，如果我没做的话，上帝会不高兴。

当我真正了解到，生命的首要目的就是去感觉、体验喜悦之后，我就只做那些会带给我喜悦的事。我有一句口头禅："如果觉得无趣，那就别去做！"

尼尔·唐纳·沃什

它就是喜悦、爱、自由、幸福、欢笑。如果坐着静心一个钟头你会感到喜悦，天哪，那就去做吧！如果吃个意大利香肠三明治你会感到快乐，那就去做吧！

杰克·坎菲尔德

当抚摸我的猫咪时，我会感到喜悦，走入大自然时，我会感到喜悦。因此，我要持续地让自己处在那种喜悦的状态中。然后，我只需去祈求我想要的事物，这些事物就会出现。

做那些你喜爱、能够带给你喜悦的事。如果不知道哪些事会带给你喜悦，就问："我的喜悦是什么？"当你找到，并对这个答案，对这喜悦做出承诺，吸引力法则将会大量吸引让你感觉喜悦的人、事、物、情境和机会，并渗透到你的生命中去，因为你散发出来的就是喜悦。

约翰·海格林博士
因此，内在的喜悦其实就是成功的燃料。

现在就快乐起来吧，现在就去感觉美好。这是你唯一该做的事。如果你读这本书只了解到了这一点，那你也就已经得到这个秘密中最重要的部分了。

约翰·格雷博士
任何让你感觉美好的东西，总是会为你引来更多美好。

你现在正在读这本书，就是你把它吸引到了生命里的。如果读了之后感觉很棒，那你可以选择要不要接受、利用它。如果读了之后感觉不好，那就放下它，去找些能使你内心产生共鸣、又能让你感觉美好的事。

这个秘密的知识，现在已经给了你，至于你要怎么用它，完全掌握在你的手上。不论为你自己选择了什么，都是对的。不论要选择使用它，还是不使用它，你都必须做出选择。你有选择的自由。

"追随你的幸福吧，宇宙会在四面都是墙的密室中为你打开一扇门。"

约瑟夫·坎伯

莉莎·妮可丝
当你追随自己的幸福，就是活在喜悦的连续空间里，是在向宇宙的丰足敞开自我，你会很兴奋地与你所爱的人分享你的生命。你感受到兴奋的事、你的热情和幸福，都会变得有感染力。

乔·维泰利博士
这正是我一直都在做的——追随令我兴奋的事，我的热情和热忱——我一整天都这么做。

鲍勃·普克特
享受生命吧，因为生命是不平凡的！它是一趟精彩的旅程。

玛莉·戴蒙
你会活在不一样的现实中，过着不同的生活。人们会看着你，问："你到底做了什么和我们不一样的事？"唯一不同的就是——你在生活中运用这个秘密。

莫里斯·古德曼
然后你就可以去做、拥有或成为过去人们曾说你不可能去做、拥有的事或成为的人。

弗莱德·亚伦·伍尔夫博士

事实上，我们已经进入了一个崭新的时代，其边境已经不再是《星舰迷航记》中所说的外层空间，而将会是人的"心"。

约翰·海格林博士

我看到一个具有无限潜能、无限可能性的未来。要记住，目前人类顶多只用到5%的心智潜能，而人类的所有潜能可通过恰当的训练得以激发。因此想象一下，当人们发挥全部的精神和情感潜能时的世界吧。我们能到达任何地方，能做任何事情，能成就任何伟业。一切都能达成。

在我们这颗美丽的星球上，此刻是历史上最令人振奋的时代。我们将在人类所努力的每个领域和层面，看到并且体验到"把不可能变为可能"。当我们舍弃一切局限性的想法，了解到我们是不受局限的，就会体验到人类借由运动、健康、艺术、科技、科学，以及每个创造领域里所表现的无限精彩。

拥抱你的精彩

鲍勃·普克特

每一本伟大的哲学书、每一位非凡的领导者，以及所有历史上出现过的人物，都这么跟我们说："用你渴望的美善来看待自己。"回去研究这些睿智的人吧，他们许多人都

已经在本书中出现。他们全都知道一件共同的事情,那就是他们知道这个秘密。现在你也知道了。随着你运用它的次数不断增多,你就会越了解它。

这个秘密就在你的内心,越去使用你内在的力量,你就会引出更多的力量。你将会达到一个无须再练习的境界,因为你将成为那个力量、圆满、智慧,你就是爱、就是喜悦。

莉莎·妮可丝

你走到生命中这个重要的关头,只因为你心中某个东西不断在说:"你本来就该是快乐的。"你天生就是要来增添某些东西,为这世界增加价值。你只需比昨天的你更成功、更好。

你所经历过的每一件事、所过的每分每秒,都是为当下的此刻做准备。想象一下,从今以后,你可以利用现在所知的一切做些什么。你现在知道你是自己命运的创造者,因此你可以做的还有什么?你可以成为的还有什么?单单凭借你的存在,你还可以去祝福多少人?当下你要做什么?你要如何把握当下?除了你,没有人能跳你的舞步,没有人能唱你的旋律,没有人能写你的故事。你是谁、你做什么,就是从现在开始!

迈克·伯纳德·贝奎斯

我相信你是伟大的，相信在你的身上，有一些宏伟的东西。不管你生命中曾经发生过什么事，也不用去管自己有多年轻或多老，在你开始正确地思考的那一瞬间，你内在的伟大，你内在的超越世界任何事物的这股强大力量，就会开始显现。如果你愿意的话，它将会主宰你的人生，它会给你吃的、穿的，它会引导你、保护你、指导你、维持你这个生命。这就是我现在所确知的。

地球为**你**而转动，海洋为**你**潮涨潮退，鸟儿为**你**歌唱，太阳为**你**朝升暮落，星星也是为了**你**而出现。你所看到的一切美丽事物、所体验到的一切美妙经验，都是为了**你**而存在的。看看周遭的一切，没有**你**，它们没有一个能存在。不论过去你认为自己是谁，现在，你知道真正的自己的真相了。你是你自己宇宙的主宰，你是你自己王国的继承者，你是生命的圆满。现在，你知道这个秘密了。

愿喜悦与你同在！

"秘密就是过去、现在和未来的一切解答。"

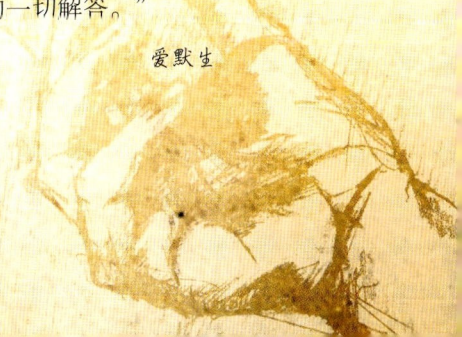

爱默生

秘密摘要

- 你必须把你想要的一切,填写在你生命的黑板上。

- 你唯一需要做的事是——现在就去感觉美好。

- 越去使用你的内在力量,就越会引出更多的力量。

- 现在就是拥抱你的精彩的时候。

- 我们处在一个辉煌的时代。当我们舍弃局限性的想法,我们将在每个创造领域,体验到人类的真正精彩。

- 做你喜爱的事。如果不知道哪些事会带给你喜悦,就问:"我的喜悦是什么?"当你对喜悦做出承诺,你就会吸引大量的快乐事物,因为你散发出来的,就是喜悦。

- 现在你已经学会了这个秘密的知识,要用它来做什么由你决定,不论你选择什么都是对的。这力量全部是你的。

书中人物小传

约翰·亚萨拉夫

（John Assaraf）

亚萨拉夫曾经是街头混混，现在却已是国际级的畅销书作家、讲师、企业顾问，帮助许多企业家创造更多财富，并使他们过上不平凡的生活。过去25年来，他一直致力于人脑、量子物理学与商场策略的研究，因为这些都与事业及生活上的成功有关。他借由所学，白手起家成立了4家价值千万美元的公司，现在则与全世界的企业人士及小企业主，分享他自己独到的创业及生财理念。

详细信息请上网：www.onecoach.com.

迈克·伯纳德·贝奎斯

（Michael Bernard Beckwith）

贝奎斯博士这位中立的跨宗教先驱，在1986年成立了"大爱国际潜能中心"（Agape International Spiritual Center），拥有1万名当地会员，以及全世界数以万计的友人和成员。他协同国际上的杰出人士——萨尔乌达耶（Sarvodaya）社会运动的创立者阿里耶拉涅博士（Dr. A.T.Ariyaratne）、圣雄甘地之孙阿朗·甘地（Arun Gandhi）等人——一同为这世界奉献。同时他也是"全球新思想联盟"（The Association for Global New Thought）的创建成员之一，该组织的年度会议聚集了顶尖的科学家、经济学家、艺术家，以及潜能训练师们，共同指引人类发展最高潜能。

贝奎斯博士教导静心及"祈祷智慧"，会议演说及潜能训练座谈等。他是"生命视觉化法"的创始人，同时也是《心的启发》（*Inspirations of the Heart*）、《心灵开发四十目》（*40 Day Mind Fast Soul Feast*）、《和平宣言》（*A Manifesto of Peace*）等书的作者。详细信息请上网：www.Agapelive.com。

吉纳维夫·白汉德

（Genevieve Behrend，约1881—约1960）

白汉德女士师从著名的特洛华德（Judge Thomas Troward）——《精神科学》（*Mental Science*）一书的作者、早期的潜能开发导师之一。白汉德女士是特洛华德所挑选的唯一门生，她秉承师志，继续在北美教学、演说并实践"精神科学"长达35年，写下《你的无形力量》（*Your Invisible Power*）及《圆满内心的渴望》（*Attaining Your Heart's Desire*）两部名著。

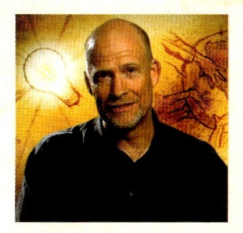

李·布劳尔

(Lee Brower)

布劳尔是Empowered Wealth国际顾问公司的创办人兼执行官,该机构提供企业、基金会、家庭及个人一整套管理系统和解决方案,以增进他们的核心价值、经验、贡献及财务资产等。同时他也是"象限生活"(Quadrant Living Experience)和LLC公司——给予全球"象限生活"顾问群训练及认证——的创始人。他是《布劳尔象限》(*The Brower Quadrant*)的作者,并与人合写《增富与保富》(*Wealth Enhancement and Preservation*)一书。他的两个网站分别是:www.empoweredwealth.com及www.quadrantliving.com.

杰克·坎菲尔德

(Jack Canfield)

《成功原则》(*The Success Principles*™)的作者。他也是目前销售超过一亿册、曾位居《纽约时报》畅销书排行榜榜首的《心灵鸡汤》®系列共同创作人。他是美国为商业人士、公司领导人、经理人、专业销售人员、员工及教育者创造成功突破方面的顶尖专家,曾帮助数万人达成他们的梦想。欲知杰克·坎菲尔德详细信息请上网:www.jackcanfield.com.

罗伯特·克里尔

（Robert Collier，1885—1950）

克里尔是一位在美国相当成功的多产作家。他的所有作品，包括《史上的秘密》（*The Secret of the Ages*）和《探囊取富》（*Riches within Your Reach*）等书，都奠基于他自己在成功学上的广泛研究，以及他个人对"人人皆可轻松又正当地获得成功、幸福和富足"的信念上。承蒙"罗伯特·克里尔出版社"的慷慨同意，本书得以引用克里尔《史上的秘密》7册丛书的部分内容。

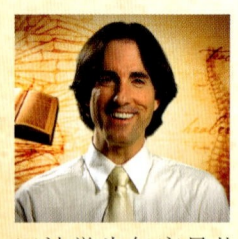

约翰·迪马提尼医师

（Dr. John F. Demartini）

曾经被认为是学习障碍者的迪马提尼医师，现在是一名医师、哲学家、作家及国际演说家。他曾经经营一家成功的脊疗诊所多年，还被誉为年度最佳脊疗师。迪马提尼医师现在从事健康专业咨询，以及有关治疗与哲学方面的写作和演讲。他的"个人转变疗法"已经帮助成千上万的人，让他们在生活中找到更好的安排和幸福。其网址是：www.drdemartini.com.

玛莉·戴蒙

（Marie Diamond）

戴蒙女士是国际知名的环境设计师，年轻时就传授丰富的环境规划知识，并实践淬炼其所学20多年。她指导过多位名人,包括好莱坞明星、电影大导演和制作人、音乐天王及诸多知名作家。她帮助了许多知名的公众人物,使他们在生活的每个层面创造更多的成功。她创设了"戴蒙探源"及"内在课程",以帮助个人把吸引力法则与生活环境相联结。其网址是:www.mariediamond.com.

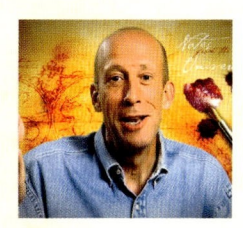

迈克·杜利
(Mike Dooley)

迈克并不是把教学和演说当作"职业"的人,相反,那只是他的"生活探险"之一。并且他成功地悠游在公司及企业的竞技场之间,在世界各地的普华顾问公司(Price Waterhouse)工作结束之后,1989年他与人合作成立了"全新创意公司"(Totally Unique Thoughts,TUT),批发及零售公司的创意产品。该公司脚踏实地地从区域性的连锁店开始成长,接着进驻美国每一家大型百货公司,并借由日本、沙特阿拉伯、瑞士等地的配销中心,服务全球的客户,售出超过100万件"全新创意T恤"(Totally Unique T-shirts®)。

在2000年,他将公司转型为以网络为主的创意灵感及哲学性的探险家俱乐部,现今已拥有来自超过169个国家的6万多名会员。他也是许多书的作者,包括一套三册的《来自宇宙的讯息》(*Notes from the Universe*),以及在国际上受到肯定的有声课程《无限可能——梦想生活的艺术》(*Infinite Possibilities: The Art of Living Your Dreams*)。详细信息请上网:www.tut.com.

鲍勃·道尔

（Bob Doyle）

道尔是"超理性财富课程"——有关吸引力法则和实际应用的多媒体课程的创办人及倡导者，他专注于吸引力法则科学，帮助大众能在生活中更有目标地活化这个法则，以吸引财富、成功、美好的关系及其他一切渴望。详细信息请上网：www.wealthbeyondreason.com.

海尔·多斯金

（Hale Dwoskin）

《纽约时报》畅销书《塞多纳术》（The Sedona Method）作者。多斯金致力于解放人们局限的信念，帮助他们完成内心的渴求。"塞多纳术"是解除局限与痛苦的感受、信念和态度的一种独特又强效的技巧，他教授这些原理给全世界的企业及个人已长达30年的时间。详细信息请上网：www.sedona.com.

莫里斯·古德曼

（Morris Goodman）

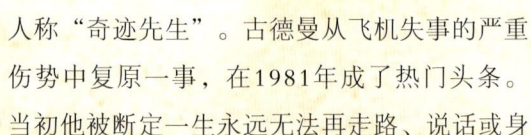

人称"奇迹先生"。古德曼从飞机失事的严重伤势中复原一事，在1981年成了热门头条。当初他被断定一生永远无法再走路、说话或身体正常运作，如今他却旅行在世界各地，用他神奇的故事来感化、

激励成千上万的人。他的夫人卡西·古德曼也在《秘密》影片中出现，告诉大家她本身自我疗愈的感人故事。

详细信息请上网：www.themiracleman.org.

约翰·格雷博士

（John Gray, PH.D.）

格雷是《男人来自火星，女人来自金星》（*Men Are from Mars, Women Are from Venus*）一书的作者，该书是过去10年来最畅销的两性关系书籍，销售超过3000万本。他也写了另外14本畅销书，并为成千上万人举办许多研讨会。他的焦点放在帮助男女了解、尊重、欣赏彼此的差异性，不论在个人或职场上。他的新书是《男女大不同健康对策》（*The Mars and Venus Diet and Exercise Solution*）。详细信息请上网：www.marsvenus.com.

查尔斯·哈尼尔

（Charles Haanel, 1866—1949）

哈尼尔是成功的美国商人，同时也写了许多著作，内容都是关于他个人在生命中获得伟大成就所运用的观念和方法。他最有名的作品是《万能钥匙系统》（*The Master Key System*），书中传授获得伟大成就的24周课程，这本书自1912年首次出版至今，仍广受欢迎。

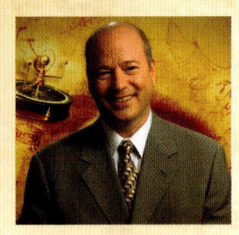

约翰·海格林博士

（John Hagelin, PH.D.）

知名的量子物理学家、教育家及公共政策专家。著作《完美政府手册》(*Manual for a Perfect Government*)说明如何解决重要的社会和环境问题，以及如何以符合自然法则的政策来创造世界和平。曾获颁给对社会有重大贡献的科学家的"克尔比奖"（Kilby Award）。他也是2000年美国自然法则党（Natural Law Party）的总统候选人，被认为是当今世上最伟大的科学家之一。他的网站是：www.hagelin.org。

比尔·哈利斯

（Bill Harris）

职业演说家、教师及商人。在涉猎古今有关人心本质及其转变技巧的研究之后，他创造了"共振音乐"（Holosync）有声科技，让人们能获得深层静心的好处。他所经营的"中心点研究院"（Centerpointe Research Institute）已经使全世界成千上万的人迈向更幸福、无压力的生活。详细信息请上网：www.centerpointe.com。

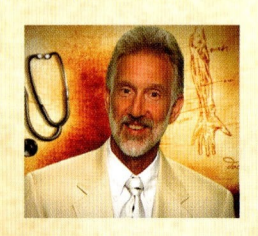

班·琼森博士

（Dr. Ben Johnson）

原本受西方医学训练，因采用非正统疗法治愈了威胁生命的疾病，而对能量疗法产生兴趣，尤其热衷于亚历克斯·洛伊德（Dr. Alex Lloyd）博士所发现的"治疗密码"（The Healing Codes）。目前与洛伊德一起经营"治疗密码公司"。详细信息请上网：www.healingcodes.com.

罗洛·朗梅尔

（Loral Langemeier）

朗梅尔女士是"活出精彩"（Live Out Loud）公司创办人，该机构提供帮助人们达成财务目标的教育及支持。她相信"心态"是建立财富的钥匙，并已帮助许多人成为百万富翁。她针对企业及个人做演讲，传授其知识和专业。她的网站是：www.liveoutloud.com.

普兰特斯·马福德

（Prentice Mulford，1834—1891）

马福德是"新思想运动"最早期的创始者和作家之一，一生大多时候过着隐居的生活。他的作品影响了无数作家和教师，内容涉及精神与智力的法则。作品包括《思想即物质》（*Thoughts Are Things*）及散文集《白十字图书馆》（*The White Cross Library*）。

莉莎·妮可丝

（Lisa Nichols）

妮可丝女士是深具影响力的"个人启能"倡导者，她也是"激励大众"及"激励青少年心灵"课程的创始者兼执行官，这两个涵盖广泛技巧的课程，能帮助青少年、女性朋友、企业人士在生活中带来深刻的改变，并为教育体系、公司客户提供相关服务。她也是全球畅销书系列《心灵鸡汤——献给美籍非裔人士》（*Chicken Soup for the African American Soul*）一书的合著者。她的网站是：www.lisa-nichols.com。

鲍勃·普克特

（Bob Proctor）

普克特的智慧来自伟大的传承。由安德鲁·卡耐基（Andrew Carnegie）传给拿破仑·希尔（Napoleon Hill）开始，希尔再传授给南丁格尔博士（Earl Nightingale），然后南丁格尔爵士再把这智慧的火炬传给普克特。他从事心智潜能领域的工作已经超过40年，旅行全世界传授这个秘密，以帮助公司及个人通过吸引力法则，创造成功、富足的生活。他也是全球畅销书《天生富裕》（*You Were Born Rich*）的作者。详细信息请上网：www.bobproctor.com。

詹姆斯·阿瑟·雷

（James Arthur Ray）

"真实财富与成功"原则的终生学习者。他开发了一套"成功与和谐财富科学"（The Science of Success and Harmonic Wealth），教导人们如何享受各个领域的无限成果：包括财务、关系、智力、身体、心灵。全球许多人采用他的个人表现法、公司训练课程及教练辅助。他针对真实的富裕、成功、人类潜能等主题做定期的演讲，而他本身也是研究东方、原住民的专家。详细信息请上网：www.jamesray.com。

戴维·希尔莫

（David Schirmer）

希尔莫是相当成功的股票交易人、投资人、投资咨询师，也主持研讨、座谈和课程。他的"优势交易"（Trading Edge）公司，教导人们如何借由发展有助于获得财富的心态来创造无限所得。他对澳大利亚及海外股票、商品市场的准确分析，非常受到肯定。详细信息请上网：www.tradingedge.com.au。

玛尔西·席莫芙

（Marci Shimoff，MBA）

席莫芙女士是《心灵鸡汤——关于女人》《心灵鸡汤——献给母亲》等超级畅销书的作者之一。

她是生命潜能转化倡导者，热衷于讲授个人发展与幸福的主题，她的工作特别着重在丰富女性的生活。她也是"尊重团队"（The Esteem Group）公司的共同创办人和董事，该机构提供女性自我尊重和激励的课程。她的网站是：www.marcishimoff.com。

乔·维泰利博士
（Dr. Joe Vitale）

20年前他还是个无家可归的人，现在则被公认为全球顶尖的营销专家之一。他写了许多有关成功与富裕原则的书：《我梦想，因为我不绝望》（Life's Missing Instruction Manual）、《催眠营销》（Hypnotic Writing）、《相信就可以做到》（The Attractor Factor）等，都是最畅销的书。他拥有精神学的博士学位，并且是有执照的催眠治疗师和气功治疗师。详细信息请上网：www.mrfire.com。

丹尼斯·维特利博士
（Dr. Denis Waitley）

维特利博士是美国最受尊崇的作家、讲师及人类高成就表现的顾问之一。他受聘到美国太空总署训练宇航员，之后，也用同样的计划方法训练奥林匹克选手。他的有声专辑《胜利心理学》（The Psychology of Winning）一直是自我学习类的畅销课程，他也是15本非文学类书籍的作者，其中包括数本全球畅销书。他的网站是：www.waitley.com。

尼尔·唐纳·沃什

(Neale Donald Walsch)

当今知名的潜能研究者,同时也是意义深远的畅销书《与造物主对话》三部曲系列的作者,该系列打破《纽约时报》畅销书排行榜所有的纪录。他出版了24本书,并发行影音及有声课程。他旅行全世界。欲与他联系,请上网:www.nealedonaldwalsch.com.

华莱士·沃特尔斯

(Wallace Wattles,1860—1911)

出生于美国的沃特尔斯,在多年研究各种哲学学说后,开始写下有关"新思想"原则实践的著作。他的许多书,深深影响了当代成功学的教师,其中最著名的作品是成功学经典《失落的致富经典》(*The Science of Getting Rich*),该书在1910年出版。

弗莱德·亚伦·伍尔夫博士

(Dr. Fred Alan Wolf)

伍尔夫博士是一名物理学家、作家、讲师,拥有理论物理学博士学位。他在世界多所大学教书,其有关量子物理学及意识的著作,也非常为人所熟悉。他著有12本书,其中《量子跳跃》(*Taking the Quantum Leap*）曾获国家图书奖。现在，伍尔夫博士仍在全球各地写作和讲学，并进行对量子物理学和意识关系的有趣研究。他的网站是：www.fredalanwolf.com.

愿这秘密带给你一生
爱和喜悦

这就是我想要给你的
也献给这个世界

想体验更多，请上网：www.thesecret.tv